素书

[秦] 黄石公 著
黎福安 译注

中国友谊出版公司

图书在版编目（CIP）数据

素书 /（秦）黄石公著 ；黎福安译注. -- 北京 ：中国友谊出版公司，2024.4
ISBN 978-7-5057-5817-9

Ⅰ. ①素… Ⅱ. ①黄… ②黎… Ⅲ. ①《素书》－译文②《素书》－注释 Ⅳ. ①E892.33

中国国家版本馆CIP数据核字(2024)第008720号

书名　素书
作者　[秦] 黄石公
译注　黎福安
出版　中国友谊出版公司
发行　中国友谊出版公司
经销　新华书店
印刷　天津丰富彩艺印刷有限公司
规格　880毫米×1230毫米　32开
　　　7.5印张　138千字
版次　2024年4月第1版
印次　2024年4月第1次印刷
书号　ISBN 978-7-5057-5817-9
定价　39.80元
地址　北京市朝阳区西坝河南里17号楼
邮编　100028
电话　(010) 64678009

目录

附录

原始章

【张氏注】[①]

道不可以无始。

【王氏曰】[②]

原者，根。原始者，初始。章者，篇章。此章之内，先说道、德、仁、义、礼，此五者是为人之根本，立身成名的道理。

① 张氏：宋代张商英，官至宰相。有人认为《素书》是其伪造的，有待考证。

② 王氏：只知是清代人，事迹不详。

第一则

【原　典】

夫道[1]、德[2]、仁[3]、义[4]、礼[5]，五者一体也。

【译　文】

道、德、仁、义、礼，这五种概念本来就是一体的。

【张氏注】

离[6]而用之则有五，合而浑[7]之则为一[8]；一之所以贯[9]五，五所以衍[10]一。

【王氏曰】

此五件是教人正心、修身、齐家、治国、平天下的道理；若肯一件件依行，乃立身、成名之根本。

【注　释】

①道：天道，指自然规律，万物皆遵。

②德：本性，指物之为物，各有区别。

③仁：友善，指人要爱人，亦要惜物。

④义：正义，指行有规矩，适宜而行。

⑤礼：礼仪，指制度有形，怀仁以从。

⑥离：分开。因作用的对象不同，所展露的智慧就不同，故用于不同场合时，称谓亦不同。

⑦浑：本义是分不清，此指凝于一体。

⑧一：即道。《说文·一部》："一，惟初太始，道立于一，造分天地，化成万物。"故原典中的"五者一体"也可作"道"解（因为合于"道"），只是表述方式有别而已。

⑨贯：本义是穿钱币的绳子，此指统摄。

⑩衍：本义为水流入海，此指汇于一处。

第二则

【原　典】

道者，人之所蹈[①]，使万物不知其所由[②]。

【译　文】

所谓天道，就是人们所遵从的自然规律，但人们认识不到这一点，就像世间万物遵从自然规律而不自知一样。

【张氏注】

道之衣被[③]万物，广矣，大矣。一动息，一语默，一出处，一饮食，大而八纮[④]之表，小而芒芥[⑤]之内，何适而非道也？

仁不足以名[⑥]，故仁者见之谓之仁；智不足以尽[⑦]，故智者见之谓之智；百姓不足以见，故日用而不知也。

【王氏曰】

天有昼夜，岁分四时。春和、夏热、秋凉、冬寒；日月往来，生长万物，是天理自然之道。容纳百川，不择净秽。春生、夏长、秋盛、冬衰，万物荣枯各得所宜，是地利自然之道。人生天地、君臣之义，父子之亲，夫妇之别，朋友之信，若能上顺天时，下察地利，成就万物，是人事自然之道也。

【注　释】

①蹈：本义是踩、踏，此指遵循。

②由：也指遵循。

③衣被：同“泽被”，恩泽、恩惠。

④八纮（hóng）：八方极远之地，指天下。

⑤芒芥：麦芒和芥草，指细微之物。

⑥名：名状、说出。

⑦尽：穷尽、探究。

第三则

【原　典】

德者，人之所得[①]，使万物各得其所欲[②]。

【译　文】

所谓本性，就是人们各得其所，让世间万物各得其所，一切都按照它们的本性各自发展。

【张氏注】

有求之谓欲。欲而不得，非德之至也。求于规矩者，得方圆而已矣；求于权衡者，得轻重而已矣；求于德者，无所欲而不得。君臣、父子得之，以为君臣、父子；昆虫、草木得之，以为昆虫、草木。大得以成大，小得以成小。迩[③]之一身，远之万物，无所欲而不得也。

【王氏曰】

阴阳寒暑运在四时，风雨顺序，润滋万物，是天之德也。天地草木各得所产，飞禽走兽各安其居，山川万物各遂其性，是地之德也。讲明圣人经书，通晓古今事理；安居养性，正心修身，忠于君王，孝于父母，诚信于朋友，是人之德也。

【注　释】

①得：遵从本性之得，谓之德；逆本性而行之，谓之不德。简言之，人要吃喝拉撒睡，遵从这个规律才能活着，是合德的。反之，不让人吃喝拉撒睡，是要死人的，这就是违反了人的物性，是不德的。

②欲：指维持物性所需之物。就像动物要进食和饮水，植物要汲取营养和进行光合作用一样。

③迩：近。

第四则

【原　典】

仁者，人之所亲，有慈惠恻隐之心，以遂其生成。

【译　文】

所谓友善，就是人们要互相友爱，要有仁慈心和同情心，以促使万物顺利繁衍和成长。

【张氏注】

仁之为体，如天，天无不覆；如海，海无不容；如雨露，雨露无不润。慈惠恻隐，所以用仁者也。非亲于天下而天下自亲之。无一夫不获其所，无一物不获其生。《书》[①]曰："鸟、兽、鱼、鳖咸若。"《诗》曰："敦彼行苇，牛羊勿践履。"[②]其仁之至也

【王氏曰】

"己所不欲，勿施于人。"[③]若行恩惠，人自相亲。责人之心责己，恕己之心恕人。能行义让，必无所争也。仁者，人之所亲，

恤孤念寡，周急济困，是慈惠之心；人之苦楚，思与同忧；我之快乐，与人同乐，是恻隐之心。若知慈惠、恻隐之道，必不肯妨误人之生理，各遂艺业、营生、成家、富国之道。

【注　释】

①《书》：即《尚书》，儒家五经之一。

②敦彼行苇，牛羊勿践履：芦苇丛生，别让牛羊践踏它们。出自《诗经·大雅·行苇》，今文经学家一般认为此诗是写仁德的。

③己所不欲，勿施于人：自己不喜欢的，也不应强加给别人。语出《论语·颜渊》篇。

第五则

【原　典】

义者，人之所宜，赏善罚恶，以立功立事。

【译　文】

所谓正义，就是人们认为的符合道德观的行为，人们凭此奖励善行而惩罚恶行，凭此建功立业。

【张氏注】

理之所在，谓之义；顺理而决断，所以行义。赏善罚恶，义之理也；立功立事，义之断也。

【王氏曰】

量宽容众，志广安人；弃金玉如粪土，爱贤善如思亲；常行谦下恭敬之心，是义者人之所宜道理。有功好人重赏，多人见之，也学行好；有罪歹人刑罚惩治，多人看见，不敢为非，便可以成功立事。

第六则

【原　典】

礼者，人之所履，夙兴夜寐，以成人伦[①]之序。

【译　文】

所谓礼仪，就是人们所遵从的各种制度，日日夜夜不敢违背，谨守君臣、父子、兄弟、夫妻、朋友的人伦规矩。

【张氏注】

礼，履[②]也。朝夕之所履践而不失其序者，皆礼也。言、动、视、听，造次必于是，放、僻、邪、侈，从何而生乎？

【王氏曰】

大抵事君、奉亲，必当进退；承应内外，尊卑须要谦让。恭敬侍奉之礼，昼夜勿怠，可成人伦之序。

【注　释】

①人伦：古人将人伦关系分为五种，分别是君臣、父子、兄弟、夫妻、朋友。

②履：遵从。

第七则

【原　典】

夫欲为人之本，不可无一焉。

【译　文】

所以，做人之根本的道、德、仁、义、礼，缺一不可啊！

【张氏注】

老子曰："失道而后德，失德而后仁，失仁而后义，失义而后礼。"①失者，散也。道散而为德，德散而为仁，仁散而为义，义散而为礼。五者未尝不相为用，而要其不散者，道妙而已。老子言其体，故曰："礼者，忠信之薄而乱之首。"②黄石公言其用，故曰："不可无一焉。"

【王氏曰】

道、德、仁、义、礼，此五者是为人，合行好事；若要正心、修身、齐家、治国，不可无一焉。

【注　释】

①“老子曰”数句：出自《道德经》第三十八章。

②同上。

第八则

【原　典】

贤人君子，明于盛衰之道，通乎成败之数，审乎治乱之势，达乎去就之理。

【译　文】

贤明能干之人和道德高尚之人，他们非常清楚国家兴盛和衰亡的道理，明白事业成功和失败的渊薮，了然社会治理和动乱的趋势，洞彻世间出世和入世的规则。

【张氏注】

盛衰有道，成败有数；治乱有势，去就有理。

【王氏曰】

君行仁道，信用忠良，其国昌盛，尽心而行；君若无道，不听良言，其国衰败，可以退隐闲居。若贪爱名禄，不知进退，必遭祸于身也。能审理乱之势，行藏必以其道，若达去就之理，进退必有其时。参详国家盛衰模样，君若圣明，肯听良言，虽无贤辅，其国可治；君不圣明，不纳良言，踈[1]远贤能，其国难理。见可治，则就其国，竭立而行；若难理，则退其位，隐身闲居。有见识贤人，要省理乱道、去就动静。

【注　释】

①踈（shū）：同“疏”。一本作“倳”。

第九则

【原　典】

故潜居抱[1]道，以待其时。

【译　文】

所以，遇到时局不利的时候，他们会隐居起来，默守正道，以等待有利的时机。

【张氏注】

道，犹舟也；时，犹水也。有舟楫之利[2]，而无江河以行之，亦莫见其利涉也。

【王氏曰】

君不圣明，不能进谏、直言，其国衰败。事不能行其政，隐身闲居，躲避衰乱之亡；抱养道德，以待兴盛之时。

【注　释】

①抱：坚守。

②利：一本作“具”。

第十则

【原　典】

若时至而行，则能极人臣之位；得机而动，则能成绝代之功。如其不遇，没身[①]而已。

【译　文】

如果时机到来并顺势而为，就能做出一番位极人臣的事业；如果抓住机会并伺机而动，就能成就一番绝世的功业。如果没有这样的机遇，就只能默守正道以了此生了。

【张氏注】

养之有素，及时而动；机不容发，岂容拟议者哉？

【王氏曰】

君臣相遇，各有其时。若遇其时，言听事从；立功行正，必至人臣相位。如魏徵初事李密之时，不遇明主，不遂其志，不能成名立事；遇唐太宗圣德之君，言听事从，身居相位，名香万古，此乃时至而成功。事理安危，明之得失；临时而动，遇机会而行。辅佐明君，必施恩布德；理治国事，当以恤军、爱民；其功足高，同于前代贤臣。不遇明君，隐迹埋名，守分闲居；若是强行谏诤，必伤其身。

【注　释】

①没身：隐居终身。没，隐藏、消失。

第十一则

【原　典】

是以其道足高，而名重于后代。

【译　文】

因此，这些人的品德名节足够崇高，他们的好名声也能够流芳后世。

【张氏注】

道高则名垂于后而重矣。

【王氏曰】

识时务、晓进退，远保全身，好名传于后世。

正道章

【张氏注】

道不可以非正。

【王氏曰】

不偏其中，谓之正；人行之履，谓之道。此章之内，显明英俊、豪杰，明事顺理，各尽其道，所行忠、孝、义的道理。

第一则

【原　典】

德足以怀[1]远[2]。

【译　文】

一个品德高尚的人，可以令边远之地的人们心甘情愿前来归附。

【张氏注】

怀者，中心悦而诚服之谓也。

【王氏曰】

善政安民，四海无事；以德治国，远近咸服。圣德明君，贤能良相，修德行政，礼贤爱士，屈己于人，好名散于四方，豪杰若闻如此贤义，自然归集。此是德行齐足，威声伏[3]远道理。

【注　释】

①怀：归服、归附。

②远：远方之人。古人多用来指称中原地区以外的人。

③伏：通“服”，归服、归附。

第二则

【原　典】

信足以一异，义足以得众。

【译　文】

真诚守信的人，能够令心怀异志的人与自己同心同德；秉持原则的人，能够得到万千民众的拥护。

【张氏注】

有行有为，而众人宜之，则得乎众人矣。天无信，四时失序；人无信，行止不立。人若志诚守信，乃立身成名之本。君子寡言，言必忠信；一言议定，再不肯改议、失约。有得有为而众人宜之，则得乎众人心。一异者，言天下之道一而已矣，不使人分门别户。赏不先于身，利不厚于己；喜乐共享，患难相恤。如汉先主结义于桃园，立功名于三国；唐太宗集义于太原，成事于隋末。此是义足以得众道理。

第三则

【原　典】

才足以鉴古，明足以照下，此人之俊也。

【译　文】

才智超群的人，能够借鉴历史中的经验；智慧卓绝的人，能够体察底层百姓的民情。这样的人，都是人中俊杰啊！

【张氏注】

嫌疑之际，非智不决。

【王氏曰】

古之成败，无才智，不能通晓今时得失；不聪明，难以分辨是非。才智齐足，必能通晓时务；聪明广览，可以详辨兴衰。若能参审古今成败之事，便有鉴得失才智。

天运日月，照耀于昼夜之中，无所不明；人聪耳目，听鉴于声色之势，无所不辨。居人之上，如镜高悬，一般人之善恶，自然照见。在上之人，善能分辨善恶，别辨贤愚；在下之人，自然不敢为非。

能行此五件，便是聪明俊毅之人。

德行存之于心，仁义行之于外。但凡动静其间，若有威仪，是形端表正之礼。人若见之，动静安详，行止威仪，自然心生恭敬之礼，上下不敢怠慢。

自知者明，知人者智。明，可以鉴察自己之善恶；智，可以详决他人之嫌疑道理。若是嫌疑时分，却近前行，必惹祸患；怪怨其间，管领勾当，身必不安。若识嫌疑，便识进退，自然身无祸也。

第四则

【原　典】

行足以为仪表，智足以决嫌疑，信可以使守约，廉可以使分财，此人之豪也。

【译　文】

行为正直的人，能够成为表率；足智多谋的人，能够决疑解难；诚信守约的人，能够信守承诺；清正廉洁的人，能够分配均衡。这样的人，都是人中豪杰啊！

【张氏注】

孔子为委吏[①]、乘田[②]之职是也。

【王氏曰】

诚信，君子之本；守己，养德之源。若有关系机密重事，用人其间，选拣身能志诚，语能忠信，共与会约；至于患难之时，必不悔约失信。

掌法从其公正，不偏于事；主财守其廉洁，不私于利。肯立纪纲，遵行法度，财物不贪爱。惜行止，有志气，必知羞耻也。此等之人，掌管钱粮，岂有虚废？

若能行此四件，便是英豪贤人。

【注　释】

①委吏：古代管粮仓的小吏。

②乘田：古代管畜牧的小吏。

第五则

【原　典】

守职而不废，处义而不回[1]。

【译　文】

恪尽职守的人，做任何事都不会废弛；坚持道义的人，从来都不会改变初衷。

【张氏注】

迫于利害之际而确然守义者，此不回也。

【王氏曰】

设官定位，各有掌管之事理。分守其职，勿择干办之易难，所委用之时，休择易难，必索尽心向前办。不该管干之事休管，逞自己之聪明，强揽揽而行为之，犯不合管之事；若不误了自己身上名爵、职位，必不失废。

避患求安，生无贤义之名；居危不便，死尽孝忠之道。侍奉君王，必索尽心行政；遇患难之际，竭力亡身，宁守仁义而行，便死之时也，有忠义清名；若避仁义而求生，虽存其命，不以为美。故曰：肯守大义，有死之荣，无生之辱。

临患难效力尽忠，遇危险心无二志，身荣名显。快活时分，同共受用；事急、国危，却不救济，此是忘恩背义之人，君子贤人不肯背义忘恩。如李密与唐兵阵败，伤身坠马倒于涧下，将士皆散，唯王伯当一人在侧，唐将呼之，汝可受降，免你之死。伯当曰："忠臣不事二主，吾宁死不受降。"恐矢射所伤其主，伏身于李密之上，后被唐兵乱射，君臣叠尸，死于涧中。忠臣义士，患难相同；临危遇难，而不苟免。王伯当忠义之名，自唐传于今世。

【注　释】

①回：回转、动摇。

第六则

【原　典】

见嫌而不苟免，见利而不苟得，此人之杰也。

【译　文】

遇猜疑不回避的人，做任何事都会坚持原则不会回避；见巨利不偷拿的人，遇到任何利益都会坚持原则而不盗取。这样的人，都是人中豪杰啊！

【张氏注】

周公不嫌于居摄，召公则有所嫌也。孔子不嫌于见南子，子路则有所嫌也。居嫌而不苟免，其惟至明乎！

俊者，峻于人也；豪者，高于人；杰者，杰于人。有德、有信、有义、有才、有明者，俊之事也。有行、有智、有信、有廉者，豪之事也。至于杰，则才行足以名之矣。然，杰胜于豪，豪胜于俊也。

【王氏曰】

名显于己，行之不公者，必有其殃；利荣于家，得之不义者，必损其身。事虽利己，理上不顺，勿得强行。财虽荣身，违碍法度，不可贪爱。贤善君子，顺理行义，仗义疏财，必不肯贪爱小利也。

能行此四件，便是人士之杰也。

诸葛武侯、狄梁，公正人之杰也。武侯处三分偏安、敌强君庸，危难疑嫌莫过于此。梁公处周唐反变、奸后昏主，危难嫌疑莫过于此。为武侯难，为梁公更难，谓之人杰，真人杰也。

求人之志章

【张氏注】

志不可以妄求。

【王氏曰】

求者，访问推求；志者，人之心志。此章之内，谓明贤人必求其志，量材受职，立纲纪、法度、道理。

第一则

【原　典】

绝嗜禁欲，所以除累。

【译　文】

能做到杜绝不良嗜好和非分之欲的人，才能避免各种各样的牵累。

【张氏注】

人性清净，本无系累；嗜欲所牵，舍己逐物。

【王氏曰】

远声色，无患于己；纵骄奢，必伤其身。虚华所好，可以断除；贪爱生欲，可以禁绝，若不断除色欲，恐蔽塞自己。聪明人被虚名、欲色染污，必不能正心、洁己；若除所好，心清志广；绝色欲，无污累。

第二则

【原　典】

抑非损恶，所以禳[1]过。

【译　文】

能做到抑制非法行为和恶劣行径的人，才能避免各种各样的过失。

【张氏注】

禳，犹祈禳而去之也。非至于无，抑恶至于无损过，可以无禳尔。

【王氏曰】

心欲安静，当可戒其非为；身若无过，必以断除其恶。非理不行，非善不为；不行非理，不为恶事，自然无过。

【注　释】

①禳（ráng）：祭祀名，祭祀鬼神以消除灾祸。此指去除、避免。

第三则

【原　典】

贬[①]酒阙[②]色，所以无污。

【译　文】

能做到不沉溺美酒和不贪恋美色的人，才能保持身心健康，不致走向堕落。

【张氏注】

色败精，精耗则害神；酒败神，神伤则害精。

【王氏曰】

酒能乱性，色能败身。性乱，思虑不明；神损，行事不清。若能省酒、戒色，心神必然清爽、分明，然后无昏聋之过。

【注 释】

①贬：降低、减少。

②阙：通“缺”，减少。

第四则

【原　典】

避嫌远疑，所以不误。①

【译　文】

能做到避开是非之地和是非之人的人，才能避免被他人误解。

【张氏注】

于迹无嫌，于心无疑，事乃不误尔。

【王氏曰】

知人所嫌，远者无危；识人所疑，避者无害。韩信不远高祖而亡。若是嫌而不避，疑而不远，必招祸患，为人要省嫌疑道理。

【注　释】

①曹植《君子行》一诗是对这句话最好的阐释："君子防未然，不处嫌疑间。瓜田不纳履，李下不正冠。嫂叔不亲授，长幼不比肩。劳谦得其柄，和光甚独难。周公下白屋，吐哺不及餐。一沐三握发，后世称圣贤。"

第五则

【原　典】

博学切问[①]，所以广知。

【译　文】

能做到广泛学习并善于从学习中发现问题的人，才能让自己增长更多智慧才干。

【张氏注】

有圣贤之质，而不广之以学问，弗勉[②]故也。

【王氏曰】

欲明性理，必须广览经书；通晓疑难，当以遵师礼问。若能讲议经书，通晓疑难，自然心明智广。

【注　释】

①切问：即问之切，善于请教各种各样的问题。

②弗勉：不努力。

第六则

【原　典】

高[1]行微[2]言，所以修身。

【译　文】

能做到行为高尚和言语谨慎的人，才能真正提高自己的品德修养。

【张氏注】

行欲高而不屈[3]，言欲微而不彰[4]。

【王氏曰】

行高以修其身，言微以守其道；若知诸事休夸说，行将出来，人自知道。若是先说却不能行，此谓言行不相顾也。聪明之人，若有涵养，不肯多言，简当[5]言行清高，便是修身道理。

【注　释】

①高：高尚。

②微：细枝末节，此指谨慎。

③屈：屈服。

④彰：彰显、高调。

⑤简当：同“简单”，指言行正派，不生是非。

第七则

【原　典】

恭俭谦约，所以自守[①]；深计远虑，所以不穷[②]。

【译　文】

能做到待人恭敬、勤俭节约、谦虚谨慎、自我约束的人，才能处世不倒，保守家业；深谋远虑的人，才能令自己不陷入窘境。

【张氏注】

管仲之计[③]，可谓能九合诸侯矣，而穷于王道；商鞅之计[④]，可谓能强国矣，而穷于仁义；弘羊之计[⑤]，可谓能聚财矣，而穷于养民。凡有穷者，俱非计也。

【王氏曰】

恭敬先行礼义，俭用自然常足；谨身不遭祸患，必无虚谬。恭、俭、谨、约四件，若能谨守依行，可以保守终身无患。

所以智谋深广，立事成功；德高远虑，必无祸患。人若谋深虑远，所以事理皆合于道；随机应变，无有穷尽。

【注　释】

①自守：指保家守业。

②穷：穷困、窘境。

③管仲之计：指管仲富国强兵、尊王攘夷等一系列政治主张，令齐国跻身强国之列。

④商鞅之计：指商鞅利国富民的一系列变法举措，令秦国摆脱积贫积弱的不利局面，为后来秦统一六国打下了坚实基础。

⑤弘羊之计：指桑弘羊在汉武帝的支持下推行均输、平准、盐铁官营等一系列经济改革，使汉武帝在位期间国家经济快速增长。

第八则

【原　典】

亲仁友直，所以扶颠[①]。

【译　文】

能做到亲近仁义之士和结交正直之人的人，才能得到他人的扶持而避免陷入危局。

【张氏注】

闻誉而喜者，不可以得友直。

【王氏曰】

父母生其身，师友长其智，有仁义、德行。贤人之前，常行恭敬、正直、忠诚，朋友多行亲近；若有差错，必然劝谏、提说，此是结交须胜己道理。贤能良善之人，必择良友，若遇患难，递相[②]扶持。

【注　释】

①扶颠：扶持危局。

②递相：互相。

第九则

【原　典】

近恕笃行，所以接人。

【译　文】

能做到品性宽恕和行为敦厚的人，才能做到待人接物不偏不倚，受人喜欢。

【张氏注】

极高明而道中庸，圣贤之所以接人也。高明者，圣人之所独也；中庸者，众人之所同也。

【王氏曰】

亲近忠正之人，学问忠正之道；恭敬德行之士，讲明德行之理。仁义德行之事，须要学问之道讲明开发于人，此是接引后人、止恶行善之法。

第十则

【原　典】

任材使能，所以济务。

【译　文】

能做到人尽其才和物尽其用的人，才能将各种事务处理好。

【张氏注】

应变之谓材，可用之谓能。材者，任之而不可使；能者，使之而不可任。此用人之术也。

【王氏曰】

量才用人，事无不办；委使贤能，功无不成；若能任用才能之人，可以济时利务。如汉高祖用张良、陈平之计，韩信、英布之能，成立大汉天下。

第十一则

【原　典】

殚恶斥谗，所以止乱。

【译　文】

能做到杜绝邪恶和排斥谗佞的人，才能防止动乱的发生。

【张氏注】

谗言恶行，乱之根也。

【王氏曰】

奸邪当道，逞凶恶而强为；谗佞居官，仗势力以专权，逞凶恶而为；不用忠良，其邦昏乱。仗势力专权，轻灭贤士，家国危亡；若能疏绝邪恶之徒，远去奸谗小辈，自然灾害不生，祸乱不作。

第十二则

【原　典】

推古验今，所以不惑。

【译　文】

能做到从历史经验中推衍出当下局势的人，才能在纷繁复杂的社会现象中不陷入困惑。

【张氏注】

因古人之迹，推古人之心，以验方今之事，岂有惑哉？

【王氏曰】

始皇暴虐，行无道而丧国；高祖宽洪，施仁德以兴邦。古时圣君贤相，宜正心修身，能齐家、治国、平天下；今时君臣，若学古人，肯正心修身，也能齐家、治国、平天下。若将眼前公事，比并古时之理，推求成败之由，必无惑乱。

第十三则

【原　典】

先揆[①]后度[②]，所以应卒[③]。

【译　文】

能做到先了解情况，然后厘清思路的人，才能处理好各种突发事件。

【张氏注】

执一尺之度，而天下之长短尽在是矣。仓卒事物之来，而应之无穷者，揆度有数也。

【王氏曰】

料事于未行之前，应机于仓卒之际，先能料量眼前时务，后有定度所行事体。凡百事务，要行算计，料量已定，然后却行，临时必无差错。事到跟前无思度，仓卒便行，不能成就。

【注　释】

①揆：揣测、思考。

②度（duó）：权衡、谋划。

③卒：通“猝”，突然、猝然。

第十四则

【原　典】

设变致[1]权，所以解结。

【译　文】

能预测各种可能的变化并做到随机应变的人，才能处理纷繁复杂的问题。

【张氏注】

有正有变，有权有经[2]。方其正，有所不能行则变，而归之于正也；方其经，有所不能用则权，而归之于经也。

【王氏曰】

施设赏罚，在一时之权变；辨别善恶，出一时之聪明。有谋智、权变之人，必能体察善恶，别辨是非。从权行政，通机达变，便可解人所结冤仇。

【注　释】

①致：采用、取得。

②经：指原则。

第十五则

【原　典】

括囊[1]顺会，所以无咎[2]。

【译　文】

能做到保持缄默和顺时而为的人，才能避免各种灾祸。

【张氏注】

君子语默以时，出处以道，括囊而不见其美，顺会而不发其机，所以免咎。

【王氏曰】

口为招祸之门，舌乃斩身之刀；若能藏舌缄口，必无伤身之祸患。为官长之人，不合说却说，招惹怪责；合说不说，挫了机会。慎理而行，必无灾咎。

【注　释】

①括囊：扎口袋，比喻缄默不语。

②咎：灾祸。这两句出自《周易·坤》："六四，扩囊，无咎无誉。"

第十六则

【原　典】

橛橛梗梗，所以立功；孜孜淑淑，所以保终。

【译　文】

能做到坚定不移和不屈不挠的人，才能成就一番伟业；能做到勤勉不懈和品性善良的人，才能保证善始善终。

【张氏注】

橛橛者，有所持而不可摇；梗梗者，有所立而不可挠。孜孜者，勤之又勤；淑淑者，善之又善。立功莫如有守，保终莫如无过也。

【王氏曰】

君不行仁，当要直言苦谏；国若昏乱，以道摄正安民。未行法度，先立纪纲；纪纲既立，法度自行。上能匡君正国，下能恤军爱民。心无私徇，事理分明，人若处心公正，能为敢做，便可立功成事。

诚意正心，修身之本；克己复礼，养德之先。为官掌法之时，虑国不能治，民不能安；常怀奉政谨慎之心，居安虑危，得宠思辱，便是保终无祸患。

本德宗道章

【张氏注】

言本宗不可以离道德。

【王氏曰】

君子以德为本，圣人以道为宗。此章之内，论说务本、修德、守道、明宗道理。

第一则

【原　典】

夫志心笃行之术，长莫长于博谋。

【译　文】

要达到志向坚定和笃实而行，最好的办法莫过于深思熟虑。

【张氏注】

谋之欲博。

【王氏曰】

道、德、仁、智存于心，礼、义、廉、耻用于行，人能志心笃行，乃立身成名之本。如伊尹为殷朝大相，受先帝遗诏，辅佐幼主太甲为是。太甲不行仁政，伊尹临朝摄政，将太甲放之桐宫三载，修德行仁，改悔旧过；伊尹集众大臣，复立太甲为君，乃行仁道。以此尽忠行政贤明良相，古今少有。人若志诚正心，立国全身[①]之良法。

君不仁德圣明，难以正国安民；臣无善策良谋，不能立功行政。齐家、治国，无谋不成；攻城、破敌，有谋必胜，必有机变。临事谋设，若有机变、谋略，可以为师长。

【注　释】

①全身：保全自身、全身而退。

第二则

【原　典】

安莫安于忍辱。

【译　文】

最安全的行为莫过于忍各种一时之辱。

【张氏注】

至道旷夷，何辱之有。

【王氏曰】

心量不宽，难容于众；小事不忍，必生大患。凡人齐家，其间能忍能耐，和美六亲①；治国时分，能忍能耐，上下无怨。相如能忍廉颇之辱②，得全贤义之名；吕布不舍侯成之怨③，后有亡身丧国之危。心能忍辱，身必能安；若不忍耐，必有辱身之患。

【注　释】

①六亲：参见《左传·昭公二十五年》：“为父子、兄弟、姊姑、甥舅、昏媾、姻亚，以象天明。”但不同时代对六亲的定义不同，这里泛指亲属。

②相如能忍廉颇之辱：用负荆请罪之典。蔺相如是一介文臣，廉颇乃一时名将，但蔺相如因完璧归赵与渑池会盟有功而获封上卿，位在廉颇之上。廉颇因此很气愤，扬言要当面羞辱于他。于是蔺相如尽量回避以减少彼此之间的矛盾，始终将国家利益放在首位，廉颇后来悔悟，就有了负荆请罪的故事。

③吕布不舍侯成之怨：侯成是吕布麾下八健将之一，因违反吕布颁布的禁酒令，遭到吕布训斥——《三国演义》的情节中还加入了杖责，侯成因此积怨，最终导致他临阵倒戈，投靠了曹操。

第三则

【原　典】

先莫先于修德。

【译　文】

最关键的事情莫过于修身养德。

【张氏注】

外以成物，内以成己，此修德也。

【王氏曰】

正直中和，人之大德，若为贤人君子，必须志心养德，正心修身。齐家治国，无德难行，若要正心修身，齐家治国，必先修养德行。尽忠于君王，行孝于父母，遵仁守义，择善从公，此是德行贤人。

第四则

【原　典】

乐莫乐于好善。

【译　文】

最快乐的生活莫过于乐善好施。

【王氏曰】

疏远奸邪，勿为恶事；亲近忠良，择善而行。子胥治国，惟善为宝；东平王治家，为善最乐。心若公正，身不行恶；人能去恶从善，永远无害终身之乐。

第五则

【原　典】

神莫神于至诚。

【译　文】

最神奇的体验莫过于纯真至诚。

【张氏注】

无所不通之谓神。人之神与天地参而不能神于天地者，以其不至诚也。

【王氏曰】

复次，志诚于天地，常行恭敬之心；志诚于君王，当以竭力尽忠；志诚于父母，朝暮谨身行孝；志诚于朋友，必须谦让。人若志诚，自然心合神明。

第六则

【原　典】

明莫明于体物。

【译　文】

最明智的做法莫过于体察万物之本原。

【张氏注】

《记》云："清明在躬，志气如神。"如是，则万物之来，其能逃吾之照乎？

【王氏曰】

行善、为恶在于心，意识是明，非出乎聪明。贤能之人，先可照鉴自己心上是非善恶。若能分辨自己所行，善恶明白，然后可以体察、辨明世间成败兴衰之道理。

复次：谨身节用，常足有余；所有衣食，量家之有无，随丰俭用。若能守分，不贪不夺，自然身清名洁。

第七则

【原　典】

吉莫吉于知足。

【译　文】

最吉利的原则莫过于知足常乐。

【张氏注】

知足之吉，吉之又吉。

【王氏曰】

好狂图者，必伤其身；能知足者，不遭祸患。死生由命，富贵在天。若知足，有吉庆之福，无凶忧之祸。

第八则

【原　典】

苦莫苦于多愿。

【译　文】

反之，最痛苦的状态莫过于欲望太多。

【张氏注】

圣人之道，泊然无欲，其于物也，来则应之，去则无系，未尝有愿也。古之多愿者，莫如秦皇、汉武，国则愿富，兵则愿强；功则愿高，名则愿贵；宫室则愿华丽，姬嫔则愿美艳；四夷则愿服，神仙则愿致。然而，国愈贫，兵愈弱；功愈卑，名愈钝；卒至所求不获而遗恨狼狈者，多愿之所苦也。夫治国者，固不可多愿。至于贤人养身之方，所守其可以不约乎！

【王氏曰】

心所贪爱，不得其物；意在所谋，不遂其愿。二件不能称意，自苦于心。

第九则

【原　典】

悲莫悲于精散。

【译　文】

最悲哀的情形莫过于魂不守舍。

【张氏注】

道之所生之谓一，纯一之谓精，精之所发之谓神。其潜于无也，则无生无死，无先无后，无阴无阳，无动无静。其舍于形也，则为明为哲，为智为识。血气之品，无不禀受。正用之，则聚而不散；邪用之，则散而不聚。目淫于色，则精散于色矣；耳淫于声，则精散于声矣；口淫于味，则精散于味矣；鼻淫于臭，则精散于臭矣。散之不已，岂能久乎？

【王氏曰】

心者，身之主；精者，人之本。心若昏乱，身不能安；精若耗散，神不能清。心若昏乱，身不能清爽；精神耗散，忧悲灾患自然而生。

第十则

【原　典】

病莫病于无常。

【译　文】

最严重的弊病莫过于反复无常。

【张氏注】

天地所以能长久者，以其有常也；人而无常，其不病乎？

【王氏曰】

万物有成败之理，人生有兴衰之数；若不随时保养，必生患病。人之有生，必当有死。天理循环，世间万物岂能免于无常？

第十一则

【原　典】

短莫短于苟得。

【译　文】

最短视的行为莫过于不义不德以获利。

【张氏注】

以不义得之，必以不义失之；未有苟得而能长也！

【王氏曰】

贫贱人之所嫌，富贵人之所好。贤人君子不取非义之财，不为非理之事。强取不义之财，安身养命岂能长久？

第十二则

【原　典】

幽莫幽于贪鄙。

【译　文】

最愚昧的观念莫过于贪婪鄙陋。

【张氏注】

以身殉物，暗莫甚焉。

【王氏曰】

美玉、黄金，人之所重；世间万物，各有其主，倚力、恃势，心生贪爱，利己损人，巧计狂图，是为幽暗。

第十三则

【原　典】

孤莫孤于自恃。

【译　文】

最失势的行为莫过于仗势欺人。

【张氏注】

桀纣自恃其才，智伯自恃其疆，项羽自恃其勇，高莽自恃其智，元载、卢杞自恃其狡。自恃，则气骄于外而善不入耳；不闻善，则孤而无助。及其败，天下争从而亡之。

【王氏曰】

自逞己能，不为善政，良言傍若无知，所行恣情纵意，倚着些小聪明，终无德行，必是傲慢于人。人说好言，执蔽不肯听从；好言语不听，好事不为，虽有千金、万众，不能信用，则如独行一般，智寡身孤，德残自恃。

第十四则

【原　典】

危莫危于任疑[1]。

【译　文】

最危险的举措莫过于疑神疑鬼。

【张氏注】

汉疑韩信而任之，而信几叛；唐疑李怀光[2]而任之，而怀光遂逆。

【王氏曰】

上疑于下，必无重用之心；下惧于上，事不能行其政。心既疑人，勾当休委。若是委用，心不相托；上下相疑，事业难成，恐有危亡之患。

【注　释】

①危莫危于任疑：我们常听一句俗语，叫“疑人不用，用人不疑”，就是这个意思。整天疑神疑鬼，终究难成事。

②李怀光：因平安史之乱有功被授予邠宁（治所在今陕西彬县）节度使，官至副元帅、检校太尉兼中书令，册封连城郡王，因功高盖主，遭唐德宗猜忌和卢杞构陷，反唐兵败后被杀。

第十五则

【原　典】

败莫败于多私。

【译　文】

最失败的行为莫过于私心太重。

【张氏注】

赏不以功，罚不以罪；喜佞恶直，亲党远正；小则结匹夫之怨，大则激天下之怒。此多私之所败也。

【王氏曰】

不行公正之事，贪爱不义之财；欺公枉法，私求财利。后有累己、败身之祸。

遵义章

【张氏注】

遵而行之者，义也。

【王氏曰】

遵者，依奉也。义者，宜也。此章之内，发明施仁、行义，赏善、罚恶，立事、成功道理。

第一则

【原　典】

以明示下者暗。

【译　文】

在下属面前显摆自己所谓的高明之举，反而会陷入蒙蔽和无知的境地。

【张氏注】

圣贤之道，内明外晦。惟不足于明者，以明示下，乃其所以暗也。

【王氏曰】

才学虽高，不能修于德行；逞己聪明，恣意行于奸狡；能责人之小过，不改自己之狂为，岂不暗者哉？

第二则

【原　典】

有过不知者蔽。

【译　文】

有过错却不自知的人，也会陷入蒙蔽和无知的境地。

【张氏注】

圣人无过可知。贤人之过，造形而悟。有过不知，其愚蔽甚矣！

【王氏曰】

不行仁义，及为邪恶之非；身有大过，不能自知而不改。如隋炀帝不仁无道，杀坏忠良，苦害万民为是，执迷心意不省，天下荒乱，身丧国亡之患。

第三则

【原　典】

迷而不返者惑。

【译　文】

误入歧途而不知悔改的人，将陷入更深的困惑当中。

【张氏注】

迷于酒者，不知其伐吾性也；迷于色者，不知其伐吾命也；迷于利者，不知其伐吾志也。人本无迷，惑者自迷之矣！

【王氏曰】

日月虽明，云雾遮而不见；君子虽贤，物欲迷而所暗。君子之道，知而必改；小人之非，迷无所知。若不点检自己所行之善恶，鉴察平日所行之是非，必然昏乱迷惑。

第四则

【原　典】

以言取怨者祸。

【译　文】

因言语不当招致怨恨的人，必定会给自己带来灾祸。

【张氏注】

行而言之，则机在我，而祸在人；言而不行，则机在人，而祸在我。

【王氏曰】

守法奉公，理合自宜；职居官位，名正言顺。合谏不谏，合说不说，难以成功。若事不干己，别人好歹善恶休议论。不合说，若强说，招怨惹怪，必伤其身。

第五则

【原　典】

令与心乖者废。

【译　文】

发布的政令与民心所系相违背，这样的政令就形同空文了。

【张氏注】

心以出令，令以行心。

【王氏曰】

掌兵领众，治国安民，施设威权，出一时之号令。口出之言，心不随行，人不委信，难成大事，后必废亡。

第六则

【原　典】

后令缪前者毁。

【译　文】

发布的政令前后不一致，所行之事就一定会失败。

【张氏注】

号令不一，心无信而事毁弃矣！

【王氏曰】

号令行于威权，赏罚明于功罪。号令既定，众皆信惧；赏罚从公，无不悦服。所行号令，前后不一，自相违毁，人不听信，功业难成。

第七则

【原　典】

怒而无威者犯。

【译　文】

轻易发怒的人很难建立威信，而且易遭人冒犯。

【张氏注】

文王[①]不大声以色，四国[②]畏之。故孔子曰："不怒而威于斧钺。"[③]

【王氏曰】

心若公正，其怒无私，事不轻为，其为难犯。为官之人，掌管法度、纲纪，不合喜休喜，不合怒休怒，喜怒不常，心无主宰；威权不立，人无惧怕之心，虽怒无威，终须违犯。

【注 释】

①文王：即周文王。

②四国：指四方之国。这两句参见《诗经·大雅·文王》。

③此语不见载于《论语》，但《中庸》有“是故君子不赏而民劝，不怒而民威于𫓧钺”的话。

第八则

【原　典】

好众[1]辱人者殃。

【译　文】

喜欢当众侮辱别人的人，必定会遭受祸殃。

【张氏注】

己欲沽直名而置人于有过之地，取殃之道也！

【王氏曰】

言虽忠直，伤人生怨；事不干己，多管有怪。不干自己勾当，他人闲事休管。逞着聪明，口能舌辩。论人善恶，说人过失，揭人短处，对众羞辱；心生怪怨，人若怪怨，恐伤人之祸殃。

【注　释】

①《四库全书》本作“直”，即“张氏注”中所谓“直名”者。

第九则

【原　典】

戮辱[①]所任者危。

【译　文】

过度处罚自己所任命要职的人，必定会导致自己陷入险境。

【张氏注】

人之云亡，危亦随之。

【王氏曰】

人有大过，加以重刑；后若任用，必生危亡。有罪之人，责罚之后，若再委用，心生疑惧。如韩信有十件大功，汉王封为齐王，信怀忧惧，身不自安；心有异志，势轻难为，高祖生疑贬淮阴，不免未央之患[②]；信若谋议，其国必危。高祖先谋，危于信矣。

【注　释】

①勠辱：即羞辱、处罚。

②未央之患：韩信帮助刘邦平定齐国，被封为齐王时，掌握兵权，势力强大，蒯通曾劝他拥兵自立，与楚、汉三分天下，他没有听从。汉朝建立后，刘邦夺了他的兵权。后来有人告他谋反，又被降为淮阴侯。刘邦平定陈豨叛乱时，韩信策划反叛，被吕后骗入宫中，最终身死。

第十则

【原　典】

慢其所敬者凶。

【译　文】

怠慢应该敬重的人，也会给自己招致祸患。

【张氏注】

以长幼而言，则齿也；以朝廷而言，则爵也；以贤愚而言，则德也。三者皆可敬，而外敬则齿也、爵也，内敬则德也。

【王氏曰】

心生喜庆，常行敬重之礼；意若憎嫌，必有疏慢之情。常恭敬事上，怠慢之后，必有疑怪之心。聪明之人，见怠慢模样，疑怪动静，便可回避，免遭凶险之祸。

第十一则

【原　典】

貌合心离者孤。

【译　文】

表面上和和气气，内心却怀有异志的人，必定会被孤立。

【王氏曰】

赏罚不分功罪，用人不择贤愚；相会其间，虽有恭敬模样，终无内敬之心。私意于人，必起离怨；身孤力寡，不相扶助，事难成就。

第十二则

【原　典】

亲谗远忠者亡。

【译　文】

亲近谗佞之徒，疏远忠贞之士的人，必定会走向败亡。

【张氏注】

谗者，善揣摩人主之意而中之；忠者，推逆人主之过而谏之。合意者多悦，忠逆者多怨；此子胥杀而吴亡①，屈原放而楚灭②是也。

【王氏曰】

亲近奸邪，其国昏乱；远离忠良，不能成事。如楚平王③，听信费无忌④谗言，纳子妻无祥公主⑤为后，不听上大夫伍奢⑥苦谏，纵意枉为。亲近奸邪，疏远忠良，必有丧国亡家之患。

【注　释】

①子胥杀而吴亡：吴王阖闾死后，夫差即位，打败越国，勾践投降。子胥谏言说应该灭掉越国，以免后患。夫差不纳，反宠信伯嚭，派子胥出使齐国。后子胥遭伯嚭构陷，被赐死。不久，吴国亡。

②屈原放而楚灭：屈原是楚怀王在位期间楚国贤臣的代表，结果未得重用，反遭流放。屈原投江而死后不久，楚国被秦国所灭。

③楚平王：芈姓，熊氏，名弃疾，后改名居，春秋时楚国国君，前528—前516年在位。

④费无忌：也叫费无极，春秋末期楚国佞臣。

⑤无祥公主：指孟嬴，秦国公主，嬴是姓，孟是长女，楚昭王生母，“无祥公主”是史学家对她的贬称。她原本与楚国太子芈建已经订婚（政治联姻），楚平王见其美色，又有佞臣费无忌从旁蛊惑，他竟不顾廉耻，夺子妻为己妻，一时传为丑闻。

⑥伍奢：楚庄王重臣伍举之子，伍子胥之父，楚平王时担任太子芈建的太傅，芈建逃亡宋国后，遭费无忌构陷，与其长子伍尚一同被杀。

第十三则

【原　典】

近色远贤者昏，女谒[1]公行者乱。

【译　文】

沉迷美色，疏远贤臣的人，必定会越来越昏聩。一旦让女人干预朝政，国家必然陷入动乱。

【张氏注】

如太平公主[2]、韦庶人[3]之祸是也。

【王氏曰】

重色轻贤，必有伤危之患；好奢纵欲，难免败亡之乱。如纣王宠妲己，不重忠良，苦虐万民。贤臣比干、箕子、微子[4]，数次苦谏不肯；听信怪恨谏说，比干剖腹剜心，箕子入宫为奴，微子佯狂于市。损害忠良，疏远贤相，为事昏迷不改，致使国亡。

后妃之亲，不可加于权势；内外相连，不行公正。如汉平帝[5]，权势归于王莽[6]，国事不委大臣。王莽乃平帝之皇丈，倚势挟权，谋害忠良，杀君篡位，侵夺天下。此为“女谒公行者”招祸乱之患。

【注　释】

①女谒：托请君主宠幸的女子办事。

②太平公主：唐高宗李治和武则天所生幼女，极受武则天宠溺，可谓权倾一时，后因涉嫌谋反，被唐玄宗赐死。

③韦庶人：唐中宗李显的皇后，勾结武三思等人祸乱朝纲。景龙四年（710）唐中宗突然驾崩，韦氏立温王李重茂为帝，临朝称制。后李隆基和太平公主发动政变，将其诛杀，并追贬为庶人，故称。

④比干、箕子、微子：比干、箕子是商纣王之叔，微子是商纣王之庶兄弟，三人皆有贤名，被后世称为“殷末三贤”。

⑤汉平帝：刘衎，西汉第十四位皇帝，在位六年（前 1—5 年），权归王莽，形同傀儡。

⑥王莽：新朝开国皇帝，公元 9—23 年在位，其在位期间积极改革弊政，推行新政，可惜西汉末年积弊甚深，民怨沸腾，已无力回天。十六年后，天下大乱，新朝在更始军进攻下走向灭亡。

第十四则

【原　典】

私人以官者浮。

【译　文】

私相授受他人以官职的人，必定是虚浮而不可靠的。

【张氏注】

浅浮者，不足以胜名器，如牛仙客[①]为宰相之类是也。

【王氏曰】

心里爱喜的人，多赏则物不可任；于官位委用之时，误国废事，虚浮不重，事业难成。

【注　释】

①牛仙客：唐玄宗时期人物，初为小吏，因功封陇西郡公，曾任宰相，遇事不敢决，唯李林甫是从。

第十五则

【原　典】

凌下取胜者侵。

【译　文】

欺凌下属而获胜的人，自己也会受到他人欺凌。

【王氏曰】

恃己之勇，妄取强盛之名；轻欺于人，必受凶危之害。心量不宽，事业难成；功利自取，人心不伏。霸王不用贤能，倚自强能之势，赢了汉王七十二阵[①]，后中韩信埋伏之计，败于九里山[②]前，丧于乌江岸上。此是强势相争，凌下取胜，返受侵夺之患。

【注　释】

①七十二阵：言多，具体不知所指。语出《史记·项羽本纪》："吾起兵至今八岁矣，身七十余战，所当者破，所击者服，未尝败北，遂霸有天下。"

②九里山：因东西长九里而得名，相传是楚汉鏖战的战场，今属江苏徐州。

第十六则

【原　典】

名不胜实者耗。

【译　文】

名不副实、德不配位的人，耗尽所有最后也会失得一无所有。

【张氏注】

陆贽[1]曰："名近于虚，于教为重；利近于实，于义为轻。"然则，实者所以致名，名者所以符实。名实相资，则不耗匮矣。

【王氏曰】

心实奸狡，假仁义而取虚名；内务贪饕，外恭勤而惑于众。朦胧上下，钓誉沽名；虽有名禄，不能久远；名不胜实，后必败亡。

【注　释】

①陆贽：字敬舆，陆侃第九子，故人称陆九，唐代政治家、文学家，事唐德宗。

第十七则

【原　典】

略己而责人者不治，自厚而薄人者弃废。

【译　文】

忽略自己的过错而一味指责他人的人，很难管理好下属和把事情做好。对自己宽厚而对他人刻薄的人，最后都会遭到人们的鄙弃。

【张氏注】

圣人常善救人，而无弃人；常善救物，而无弃物。自厚者，自满也。非仲尼所谓“躬自厚”之厚也。自厚而薄人，则人才将弃废矣。

【王氏曰】

功归自己，罪责他人；上无公正之明，下无信惧之意。赞己不能为能，毁人之善为不善。功归自己，众不能治；罪责于人，事业难成。

功名自取，财利己用；疏慢贤能，不任忠良，事岂能行？如吕布受困于下邳，谋将陈宫谏曰：“外有大兵，内无粮草；黄河泛涨，倘若城陷，如之奈何？”吕布言曰：“吾马力负千斤过水如过平地，与妻貂蝉同骑渡河有何忧哉？”侧有手将侯成听言之后，盗吕布马投于关公，军士皆散，吕布被曹操所擒，斩于白门。此是只顾自己，不顾众人，不能成功，后有丧国败身之患。

第十八则

【原　典】

以过弃功者损，群下外异者沦。

【译　文】

因有小过错就否定他人的功绩，久而久之就会失去人心。致使属下纷纷产生离异之心，最终只会走向覆亡。

【张氏注】

措置失宜，群情隔塞；阿谀并进，私徇并行。人人异心，求不沦亡，不可得也。

【王氏曰】

曾立功业，委之重权；勿以责于小过，恐有惟失；抚之以政，切莫弃于大功，以小弃大。否则，验功恕过，则可求其小过而弃大功，人心不服，必损其身。

君以名禄进其人，臣以忠正报其主。有才不加其官，能守诚者，不赐其禄；恩德爱于外权，怨结于内；群下心离，必然败乱。

第十九则

【原　典】

既用不任者疏。

【译　文】

既要驱使他人做事，又不委以相应职位，最后只会导致人才纷纷疏远。

【张氏注】

用贤不任，则失士心。此管仲所谓："害霸也。"

【王氏曰】

用人辅国行政，必与赏罚、威权；有职无权，不能立功、行政。用而不任，难以掌法、施行；事不能行，言不能进，自然上下相疏。

第二十则

【原　典】

行赏吝色者沮。

【译　文】

论功行赏时悭吝且表露在脸上，只会令大家心灰意冷。

【张氏注】

色有靳吝，有功者沮，项羽之刓印[①]是也。

【王氏曰】

嘉言美色，抚感其劳；高名重爵，劝赏其功。赏人其间，口无知感之言，面有怪恨之怒。然加以厚爵，终无喜乐之心，必起怨离之志。

【注 释】

①刓（wán）印：摩挲侯印，不愿授人，比喻吝于封赏。语出《史记·郦生陆贾列传》：“（项羽）为人刻印，刓而不能授。”

第二十一则

【原　典】

多许少与者怨。

【译　文】

承诺多而兑现少，最终会导致别人怨愤。

【张氏注】

失其本望。

【王氏曰】

心不诚实，人无敬信之意；言语虚诈，必招怪恨之怨。欢喜其间，多许人之财物，后悔悭吝；却行少与，返招怪恨；再后言语，人不听信。

第二十二则

【原　典】

既迎而拒者乖。

【译　文】

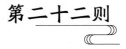

起初表示欢迎，结果却将人拒之门外，最终只会使双方产生矛盾。

【张氏注】

刘璋迎刘备而反拒之是也。

第二十三则

【原　典】

薄施厚望者不报。

【译　文】

予人小恩小惠，却希望获得丰厚的回报，最后一丝回报都不会有。

【张氏注】

“天地不仁，以万物为刍狗；圣人不仁，以百姓为刍狗。”覆之、载之，含之、育之，岂责其报也。

【王氏曰】

恩未结于人心，财利不散于众。虽有所赐，微少、轻薄，不能厚恩、深惠，人无报效之心。

第二十四则

【原　典】

贵而忘贱者不久。

【译　文】

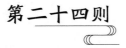

一朝富贵就忘了自己以前的贫苦生活，这种富贵很难维持长久。

【张氏注】

道足于己者，贵贱不足以为荣辱；贵亦固有，贱亦固有。惟小人骤而处贵，则忘其贱，此所以不久也。

【王氏曰】

身居富贵之地，恣逞骄傲狂心；忘其贫贱之时，专享目前之贵。心生骄奢，忘于艰难，岂能长久？

第二十五则

【原　典】

念旧恶而弃新功者凶。

【译　文】

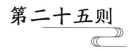

对别人过去不好的一面念念不忘，对别人新建立的功勋视而不见，这种人必定会陷入凶险之境。

【张氏注】

切齿于睚眦之怨，眷眷于一饭之恩者，匹夫之量也。有志于天下者，虽仇必用，以其才也；虽怨必录，以其功也。汉高祖侯雍齿[①]，录功也；唐太宗相魏徵，用才也。

【王氏曰】

赏功行政，虽仇必用；罚罪施刑，虽亲不赦。如齐桓公用管仲，弃旧仇而重其才；唐太宗相魏徵，舍前恨而用其能。旧有小过，新立大功，因恨不录者凶。

【注 释】

①雍齿：秦末沛县人，和刘邦一起反秦，初为刘邦随从。雍齿原为沛县豪族，素来瞧不起刘邦，后来反叛，投靠魏国的周市。几经辗转，雍齿从属赵国，又降了刘邦。西汉建国时，刘邦大封功臣，为了安抚人心，雍齿还是被封为什邡侯。

第二十六则

【原　典】

用人不得正[1]者殆。

【译　文】

任用品行不端之人，事情往往会以失败告终。

【王氏曰】

官选贤能之士，竭力治国安民；重委奸邪，不能奉公行政。中正者，无官其邦；昏乱、谗佞者当权，其国危亡。

【注　释】

①正：一本作“天”。

第二十七则

【原　典】

强用人者不畜[1]。

【译　文】

强迫一个人做他不愿意做的事，最终还是会失去这个人。

【张氏注】

曹操强用关羽，而终归刘备，此不畜也。

【王氏曰】

贤能不遇其时，岂就虚名？虽领其职位，不谋其政。如曹操爱关公之能，官封寿亭侯，赏以重禄；终心不服，后归先主。

【注　释】

①畜（xù）：畜养，这里指留下来。

第二十八则

【原　典】

为人择官者乱，失其所强者弱。

【译　文】

以权谋私，帮别人谋夺官位的人，最终会使国家陷入混乱。失去自己优势的人，很快就会陷入衰弱境地。

【张氏注】

有以德强者，有以人强者，有以势强者，有以兵强者。尧舜有德而强，桀纣无德而弱；汤武得人而强，幽厉失人而弱。周得诸侯之势而强，失诸侯之势而弱；唐得府兵而强，失府兵而弱。其于人也，善为强，恶为弱；其于身也，性为强，情为弱。

【王氏曰】

能清廉立纪纲者，不在官之大小，处事必行公道。如光武[①]之任董宣[②]为洛县令，湖阳公主[③]家奴，杀人不顾性命，苦谏君主，好名至今传说。若是不问贤愚，专择官大小，何以治乱、民安？轻欺贤人，必无重用之心；傲慢忠良，人岂尽其才智？汉王得张良、陈平者强，霸王失良、平者弱。

【注　释】

①光武：东汉光武帝刘秀。

②董宣：字少平，素以办案严酷著称，为官刚正廉洁，不畏强权。

③湖阳公主：刘黄，是光武帝刘秀的长姐。

第二十九则

【原　典】

决策于不仁者险。

【译　文】

事情由不仁之人负责决策、颁布和实施，局面就会失控，陷入险境。

【张氏注】

不仁之人，幸灾乐祸。

【王氏曰】

不仁之人，智无远见；高明若与共谋，必有危亡之险。如唐明皇①不用张九龄②为相，命杨国忠③、李林甫④当国。有贤良好人，不肯举荐，恐搀了他权位；用奸谗歹人为心腹耳目，内外成党，闭塞上下，以致禄山⑤作乱，明皇失国，奔于西蜀，国忠死于马嵬坡⑥下。此是决策不仁者，必有凶险之祸。

【注　释】

①唐明皇：唐玄宗李隆基，712—756年在位，“明皇”是其谥号“至道大圣大明孝皇帝”的简称。在位前期励精图治，后期开始任用奸佞，最终引发安史之乱，大唐盛世由此一蹶不振，逐渐走向衰落。

②张九龄：唐代著名的政治家，唐玄宗开元年间丞相，为人刚正不阿，为官选贤任能，“开元之治”多因其功。

③杨国忠：杨贵妃的族兄，李林甫去世后专权达到鼎盛，与安禄山素有嫌隙。后于马嵬驿兵变中被杀。

④李林甫：张九龄被罢宰相之职后由其接任，在职任上大权独揽，排除异己。又建议唐玄宗重用胡将，使得安禄山、史思明等武将拥兵自重，被后世史家认为是大唐由盛转衰的关键性人物之一。

⑤禄山：即安禄山，本姓康，因其母阿史德氏改嫁安延偃，遂改姓安。天宝十四载（755），以诛杨国忠为名，发动安史之乱。攻陷两京（洛阳、长安）后，建立伪燕政权，年号圣武。

⑥马嵬坡：在今陕西兴平。

第三十则

【原　典】

阴计外泄者败。

【译　文】

秘密谋划的计策一旦泄露出去，就一定会遭遇失败。

【王氏曰】

机若不密，其祸先发；谋事不成，后生凶患。机密之事，不可教一切人知；恐走透消息，反受灾殃，必有败亡之患。

第三十一则

【原　典】

厚敛薄施者凋。

【译　文】

横征暴敛而薄施寡恩，最后只能走向衰败。

【张氏注】

凋，削也。文中子[①]曰："多敛之国，其财必削。"

【王氏曰】

秋租、夏税，自有定例；费用浩大，常是不足。多敛民财，重征赋税，必损于民。民为国之根本，本若坚固，其国安宁；百姓失其种养，必有雕残之祸。

【注　释】

①文中子：即王通，字仲淹，隋朝道教人物，也是有名的教育家、思想家，“文中子”是其道号。

第三十二则

【原　典】

战士贫，游士富者衰。

【译　文】

奋勇征战的将士生活贫困，鼓舌游说的人却奢享富贵，这样只会使国势一步步走向衰落。

【张氏注】

游士鼓其颊舌，惟幸烟尘之会；战士奋其死力，专捍疆埸之虞。富彼贫此，兵势衰矣！

【王氏曰】

游说之士，以喉舌而进其身，官高禄重，必富于家；征战之人，舍性命而立其功，名微俸薄，禄难赡其亲。若不存恤战士，重赏三军，军势必衰，后无死战勇敢之士。

第三十三则

【原　典】

货赂公行者昧。

【译　文】

当一个社会贿赂成风时，整个国家就会陷入黑暗。

【张氏注】

私昧公，曲昧直也。

【王氏曰】

恩惠无施，仗威权侵吞民利；善政不行，倚势力私事公为。欺诈百姓，变是为非；强取民财，返恶为善。若用贪饕掌国事，必然昏昧法度，废乱纪纲。

第三十四则

【原　典】

闻善忽略，记过不忘者暴。

【译　文】

对他人的优点视而不见，对他人的过错却耿耿于怀，这种人通常都很乖戾和暴虐。

【张氏注】

暴则生怨。

【王氏曰】

闻有贤善好人，略时间欢喜；若见忠正才能，暂时敬爱；其有受贤之虚名，而无用人之诚实。施谋善策，不肯依随；忠直良言，不肯听从。然有才能，如无一般；不用善人，必不能为善。齐之以德，广施恩惠；能安其人，行之以政。心量宽大，必容于众；少有过失，常记于心；逞一时之怒性，重责于人，必生怨恨之心。

第三十五则

【原　典】

所任不可信，所信不可任者浊。

【译　文】

自己所任用之人不值得信任，自己信任之人又不能胜任其职，这种领导者说到底就是昏昧无能。

【张氏注】

浊，溷也。

【王氏曰】

疑而见用怀其惧，而失其善；用而不信竭其力，而尽其诚。既疑休用，既用休疑；疑而重用，必怀忧惧，事不能行。用而不疑，秉公从政，立事成功。

第三十六则

【原　典】

牧人以德者集，绳人以刑者散。

【译　文】

管理民众，若能做到以德服人，民众就会聚集在他周围。管理民众，若以酷刑施虐于人，民众就会离他而去。

【张氏注】

刑者，原于道德之意而恕在其中；是以先王以刑辅德，而非专用刑者也。故曰："牧之以德则集，绳之以刑则散也。"

【王氏曰】

教以德义，能安于众；齐以刑罚，必散其民。若将礼、义、廉、耻，化以孝、悌、忠、信，使民自然归集。官无公正之心，吏行贪饕；侥幸户役，频繁聚敛百姓；不行仁道，专以严刑，必然逃散。

第三十七则

【原　典】

小功不赏，则大功不立；小怨不赦，则大怨必生。

【译　文】

小功绩若得不到封赏，人就不会有积极性去建立大功绩；小怨恨若得不到宽赦，人的心中就会慢慢滋生大怨恨。

【王氏曰】

功量大小，赏分轻重；事明理顺，人无不伏。盖功德乃人臣之善恶；赏罚，是国家之纪纲。若小功不赐赏，无人肯立大功。

志高量广，以礼宽恕于人；德尊仁厚，仗义施恩于众人。有小怨不能忍，舍专欲报恨，返招其祸。如张飞心急性燥，人有小过，必以重罚，后被帐下所刺，便是小怨不舍，则大怨必生大患。

第三十八则

【原　典】

赏不服人，罚不甘心者叛。赏及无功，罚及无罪者酷。

【译　文】

封赏不能服众，惩罚不能服众，这两者都会引发叛乱。封赏无功之人，惩罚无罪之人，这种领导者就是残酷暴虐的。

【张氏注】

人心不服则叛也。非所宜加者，酷也。

【王氏曰】

施恩以劝善人，设刑以禁恶党。私赏无功，多人不忿；刑罚无罪，众士离心。此乃不共之怨也。

赏轻生恨，罚重不共。有功之人，升官不高，赏则轻微，人必生怨；罪轻之人，加以重刑，人必不服。赏罚不明，国之大病；人离必叛，后必灭亡。

第三十九则

【原　典】

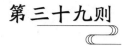

听谗而美，闻谏而仇者亡。能有其有者安，贪人之有者残。

【译　文】

听到谗言就心生欢喜，听到谏言就心生仇怨，这种人最终只会走向灭亡。让人拥有他们应该拥有的，国家就会长治久安；让人贪图他们不该贪图的，国家就会陷入动乱。

【张氏注】

有吾之有，则心逸而身安。

【王氏曰】

君子忠而不佞，小人佞而不忠。听谗言如美味，怒忠正如仇雠，不亡国者，鲜矣！

若能谨守，必无疏失之患；巧计狂徒，后有败坏之殃。如智伯不仁，内起贪饕、夺地之志生，奸绞侮韩魏之君，却被韩魏与赵襄子暗合，返攻杀智伯，各分其地。此是贪人之有，返招败亡之祸。

安礼章

【张氏注】

安而履之为礼。

【王氏曰】

安者，定也。礼者，人之大体也。此章之内，所明承上接下，以显尊卑之道理。

第一则

【原　典】

怨在不舍小过，患在不预定谋；福在积善，祸在积恶。

【译　文】

让人滋生怨恨的原因，在于不肯放过别人的小过错；祸患发生的原因，在于事前没有好好谋划。福报在于积累了善行，祸报由于积累了恶行。

【张氏注】

善积则致于福，恶积则致于祸；无善无恶，则亦无祸无福矣。

【王氏曰】

君不念旧恶。人有小怨，不能忘舍，常怀恨心；人生疑惧，岂有报效之心？事不从宽，必招怪怨之过。

人无远见之明，必有近忧之事。凡事必先计较、谋筹必胜，然后可行。若不料量，临时无备，仓卒难成。不见利害，事不先谋，返招祸患。

人行善政，增长福德；若为恶事，必招祸患。

第二则

【原　典】

饥在贱农，寒在堕织；安在得人，危在失士。

【译　文】

不重视农业生产，就会挨饿受饥；不重视养蚕纺织，就会挨冷受冻。国家稳定，百姓安康，在于有贤者辅佐；朝局动荡，百姓流离，在于贤者失位不受重用。

【王氏曰】

懒惰耕种之家，必受其饥；不勤养织之人，必有其寒。种田、养蚕，皆在于春；春不种养，秋无所收，必有饥寒之患。

国有善人，则安；朝失贤士，则危。韩信、英布、彭越三人，皆有智谋，霸王不用，皆归汉王；拜韩信为将，英布、彭越为王；运智施谋，灭强秦而诛暴楚；讨逆招降，以安天下。汉得人，成大功；楚失贤，而丧国。

第三则

【原　典】

富在迎来，贫在弃时。

【译　文】

富裕的原因，在于谋划将来；贫穷的原因，在于违背农时。

【张氏注】

唐尧之节俭、李悝①之尽地利、越王勾践之十年生聚、汉之平准②，皆所以迎来之术也。

【王氏曰】

富起于勤俭，时未至，而可预办。谨身节用，营运生财之道，其家必富，不失其所。贫生于怠惰，好奢纵欲，不务其本，家道必贫，失其时也。

【注 释】

①李悝：战国初期法家代表人物，曾任魏文侯相，主持变法，经济上推行“尽地利”和“善平籴”的政策，政治上废除贵族世袭制度，魏国由此成为战国初期强国之一。

②平准：也叫均输平准，西汉名臣桑弘羊首创。均输是“齐劳逸而便贡输”（《盐铁论》）；平准是国家为稳定物价所采取的一种经济手段，且有专门的平准机构进行管理。

第四则

【原　典】

上无常躁，下多疑心。

【译　文】

领导者若反复无常，部下就会生疑变节。

【张氏注】

躁静无常，喜怒不测；群情猜惧，莫能自安。

【王氏曰】

喜怒不常，言无诚信；心不忠正，赏罚不明。所行无定准之法，语言无忠信之诚。人生疑怨，事业难成。

第五则

【原　典】

轻上生罪，侮下无亲。

【译　文】

轻视长官就会招来祸患，侮辱部下就会导致背弃。

【张氏注】

轻上无礼，侮下无恩。

【王氏曰】

承应君王，当志诚恭敬；若生轻慢，必受其责。安抚士民，可施深恩、厚惠；侵慢于人，必招其怨。轻蔑于上，自得其罪；欺罔于人，必不相亲。

第六则

【原　典】

近臣不重，远臣轻之。

【译　文】

身边的近侍大臣得不到重用，那些远离中央的地方官就会轻视他们。

【张氏注】

淮南王①言："去平津侯②如发蒙耳。"

【王氏曰】

君不圣明，礼衰、法乱；臣不匡政，其国危亡。君王不能修德行政，大臣无谨惧之心；公卿失尊敬之礼，边起轻慢之心。近不奉王命，远不尊朝廷。君上者，须要知之。

【注　释】

①淮南王：指西汉刘安，《淮南子》一书是由其组织门人编撰的，后谋反事泄，自杀身亡。

②平津侯：指公孙弘，西汉名臣，汉武帝时被举荐，征为博士，后以丞相之职获封侯爵。这句话的大意是，除掉平津侯公孙弘，就像掀掉盖头一样轻松。

第七则

【原　典】

自疑不信人，自信不疑人。

【译　文】

自我怀疑的人，一般也很难相信别人；自信满满的人，一般也不会怀疑别人。

【张氏注】

暗也。明也。

【王氏曰】

自起疑心，不信忠直良言，是为昏暗；己若诚信，必不疑于贤人，是为聪明。

第八则

【原　典】

杠士无正友，曲上无直下。

【译　文】

凡奸佞之徒，一般很难结交到正直的朋友；凡奸邪之主，一般很难有正直的臣子前来辅佐。

【张氏注】

李逢吉[①]之友，则“八关十六子”[②]之徒是也；元帝[③]之臣则弘恭[④]、石显[⑤]是也。

【王氏曰】

谄曲、奸邪之人，必无志诚之友。

不仁无道之君，下无直谏之士。士无良友，不能立身；君无贤相，必遭危亡。

【注　释】

①李逢吉：字虚舟，唐中期宰相，为人猜忌多诡，“牛李党争”中“牛党”代表人物之一。

②八关十六子：指李逢吉所结党羽。见《新唐书·李逢吉传》：“其党有张又新、李续、张权舆、刘栖楚、李虞、程昔范、姜洽及训（李训）八人，而傅会者又八人，皆任要剧，故号‘八关十六子’。”

③元帝：指汉元帝刘奭，西汉第十一位皇帝，在位十六年（前48—前33）。

④弘恭：宦官，宣帝时任中书令，元帝继位后与石显勾结，长期内朝专权，排除异己。

⑤石显：宦官，宣帝时任中书仆射，元帝时任中尚书，和弘恭勾结，排除异己。汉成帝刘骜继位后失势被罢免，后病死于归乡途中。

第九则

【原　典】

危国无贤人，乱政无善人。

【译　文】

国家陷入危亡，是因为没有贤者前来辅佐；朝局陷入动荡，是因为没有志士前来辅弼。

【张氏注】

非无贤人、善人，不能用故也。

【王氏曰】

谗人当权，恃奸邪害忠良，其国必危。君子在野，无名位，不能行政；若得贤明之士，辅君行政，岂有危亡之患？纵仁善之人，不在其位，难以匡政、直言。君不圣明，其政必乱。

第十则

【原　典】

爱人深者求贤急，乐得贤者养人厚。

【译　文】

爱民深切的君主，访求贤才一定非常急切；乐于得到贤才辅佐的君主，也一定会给予丰厚的赏赐。

【张氏注】

人不能自爱，待贤而爱之；人不能自养，待贤而养之。

【王氏曰】

若要治国安民，必得贤臣良相。如周公摄政辅佐成王，或梳头、吃饭其间，闻有宾至，三遍握发，三番吐哺，以待迎之。欲要成就国家大事，如周公忧国、爱贤，好名至今传说。

聚人必须恩义，养贤必以重禄。恩义聚人，遇危难舍命相报；重禄养贤，辄国事必行中正。如孟尝君养三千客，内有鸡鸣狗盗者，皆恭养、敬重。于他后遇患难，狗盗秦国孤裘，鸡鸣函谷关下，身得免难，还于本国。孟尝君能养贤，至今传说。

第十一则

【原　典】

国将霸者士皆归。邦将亡者贤先避。

【译　文】

国家即将走向强盛时，有识之士都会前来归附。国家即将走向灭亡时，有识之士都会隐退规避。

【张氏注】

赵杀鸣犊[①]，故夫子临河而返。若微子[②]去商，仲尼去鲁是也。

【注　释】

①赵杀鸣犊：赵简子杀其大夫鸣犊。鸣犊，春秋时期晋国大夫，以贤闻名，《孔子世家》中作“窦鸣犊”。

②微子：帝乙长子，名启。他曾数次劝谏纣王，纣王不纳，于是离商而去。

第十二则

【原　典】

地薄者，大物不产；水浅者，大鱼不游；树秃者，大禽不栖；林疏者，大兽不居。

【译　文】

土地贫瘠，就长不出高大的植物；水域清浅，就不会有大鱼遨游；树木光秃，就不会有大型禽类栖息；林子稀疏，就不会有大型兽类居住。

【张氏注】

此四者，以明人之浅则无道德，国之浅则无忠贤也。

【王氏曰】

地不肥厚，不能生长万物；沟渠浅窄，难以游于鲸鳌。君王量窄，不容正直忠良；不遇明主，岂肯尽心于朝？

高鸟相林而栖，避害求安；贤臣择主而佐，立事成名。树无枝叶，大鸟难巢；林若稀疏，虎狼不居。君王心志不宽，仁义不广，智谋之人，必不相助。

第十三则

【原　典】

山峭者崩，泽满者溢。

【译　文】

山势过于陡峭，就容易崩塌；湖泊池塘储水过多，就容易外溢。

【张氏注】

此二者，明过高、过满之戒也。

【王氏曰】

山峰高崄，根不坚固，必然崩倒。君王身居高位，掌立天下，不能修仁行政，无贤相助，后有败国、亡身之患。

池塘浅小，必无江海之量；沟渠窄狭，不能容于众流。君王治国心量不宽，恩德不广，难以成立大事。

第十四则

【原　典】

弃玉取石者盲。

【译　文】

丢弃宝玉而捡拾石头的人，和瞎子没什么两样。

【张氏注】

有目与无目同。

【王氏曰】

虽有重宝之心，不能分拣玉石；然有用人之志，无智别辨贤愚。商人探宝，弃美玉而取顽石，空废其力，不富于家；君王求士，远贤良而用谗佞，枉费其禄，不利于国。贤愚不辨，玉石不分，虽然有眼，则如盲暗。

第十五则

【原　典】

羊质虎皮者辱。

【译　文】

绵羊的里子，哪怕用老虎皮裹身，也还是会被羞辱。

【张氏注】

有表无里，与无表同。

【王氏曰】

羊披大虫之皮，假做虎的威势，遇草却食；然似虎之形，不改羊之性。人倚官府之势，施威于民；见利却贪，虽妆君子模样，不改小人非为。羊食其草，忘披虎皮之威。人贪其利，废乱官府之法，识破所行谲诈，返受其殃，必招损己、辱身之祸。

第十六则

【原　典】

衣不举领者倒。

【译　文】

拿衣服时不提着领子，衣服就会倒过来，一片凌乱。

【张氏注】

当上而下。

【王氏曰】

衣无领袖，举不能齐；国无纪纲，法不能正。衣服不提领袖，倒乱难穿；君王不任大臣，纪纲不立，法度不行，何以治国安民？

第十七则

【原　典】

走不视地者颠。

【译　文】

走路不看路，就一定会摔倒。

【张氏注】

当下而上。

【王氏曰】

举步先观其地，为事先详其理。行走之时，不看田地高低，必然难行；处事不料理顺与不顺、事之合与不合，逞自恃之性而为，必有差错之过。

第十八则

【原　典】

柱弱者屋坏，辅弱者国倾。

【译　文】

梁柱太细太弱，房子随时都会垮塌；辅弼之臣太庸太弱，国家随时都会覆亡。

【张氏注】

才不胜任，谓之弱。

【王氏曰】

屋无坚柱，房宇歪斜；朝无贤相，其国危亡。梁柱朽烂，房屋崩倒；贤臣疏远，家国倾乱。

第十九则

【原　典】

足寒伤心，人怨伤国。

【译　文】

腿脚受寒受冻，就会伤及五脏六腑；百姓怨声载道，就会危及国家稳定。

【张氏注】

夫中和之气[①]，生于足，而流于四肢，而心为之君，气和则天君[②]乐，气乖则天君伤矣！

【王氏曰】

寒食之灾皆起于下。若人足冷，必伤于心；心伤于寒，后有丧身之患。民为邦本，本固邦宁；百姓安乐，各居本业，国无危困之难。差役频繁，民失其所，人生怨离之心，必伤其国。

【注　释】

①中和之气：指阴阳和合之气，它能令万物存而不伤，生生不息。语出《道德经·第四十二章》：“道生一，一生二，二生三，三生万物。万物负阴而抱阳，冲气以为和。”

②天君：即心。语出《荀子·天论》：“心居中虚，以治五官，夫是之谓天君。”

第二十则

【原　典】

山将崩者，下先隳；国将衰者，人先弊。

【译　文】

山峰即将崩塌时，山麓会提前一步支离破碎；国家即将衰亡时，百姓会提前一步陷入疲敝。

【张氏注】

自古及今，生齿富庶，人民康乐，而国衰者，未之有也。

【王氏曰】

山将崩倒，根不坚固；国将衰败，民必先弊，国随以亡。

第二十一则

【原　典】

根枯枝朽，人困国残。

【译　文】

若树根枯萎，树枝就会朽坏；若百姓困苦，国家就会倾覆。

【张氏注】

长城之役兴，而秦国残矣；汴渠之役兴，而隋国残矣！

【王氏曰】

树荣枝茂，其根必深；民安家业，其国必正。土浅根烂，枝叶必枯；民役频繁，百姓生怨。种养失时，经营失利，不问收与不收，威势相逼征；要似如此行，必损百姓，定有雕残之患。

第二十二则

【原　典】

与覆车同轨者倾，与亡国同事者灭。

【译　文】

跟着已倾覆的车子走相同的轨道，也必定会翻车；跟着已灭亡的国家做相同的事情，也必定会亡国。

【张氏注】

汉武欲为秦皇之事，几至于倾，而能有终者，末年哀痛自悔也。桀纣以女色而亡，而幽王之褒姒同之。汉以阉宦亡，而唐之中尉同之。

【王氏曰】

前车倾倒，后车改辙，若不择路而行，亦有倾覆之患。如吴王夫差宠西施，子胥谏不听，自刎于姑苏台下。子胥死后，越王兴兵破了吴国，自平吴之后，迷于声色，不治国事；范蠡归湖，文种见杀。越国无贤，却被齐国所灭。与覆车同往，与亡国同事，必有倾覆之患。

第二十三则

【原　典】

见已生者，慎将生。恶其迹者，须避之。

【译　文】

见过已经发生的恶事，就应警惕将来可能还会发生类似的恶事。厌恶某些人的恶劣行迹，就要早做预防，趋吉避凶。

【张氏注】

已生者，见而去之也；将生者，慎而消之也。恶其迹者，急履而恶蹐，不若废履而无行。妄动而恶知，不若绌动而无为。

【王氏曰】

圣德明君，贤能之相，治国有道，天下安宁。昏乱之主，不修王道，便可寻思平日所行之事，善恶诚恐败了家国，速即宜先慎避。

第二十四则

【原　典】

畏危者安，畏亡者存。夫人之所行，有道则吉，无道则凶。吉者，百福所归；凶者，百祸所攻。非其神圣，自然所钟。

【译　文】

害怕危险，才能慎之又慎，从而得到安全；害怕身亡，才会谨之又谨，从而保全性命。一个人的所作所为，只有符合天道才能吉利，违背天道就会遭遇凶险。吉祥的人，各种各样的福祉就会聚集在他身上；凶险的人，各种各样的祸患就会向他袭来。这并非什么灵异现象，而是自然的规律。

【张氏注】

有道者，非己求福，而福自归之；无道者，畏祸愈甚，而祸愈攻之。岂有神圣为之主宰？乃自然之理也。

【王氏曰】

得宠思辱，必无伤身之患；居安虑危，岂有累己之灾？恐家国危亡，重用忠良之士；疏远邪恶之徒，正法治乱，其国必存。

行善者，无行于己；为恶者，必伤其身。正心修身，诚信养德，谓之有道，万事吉昌。

心无善政，身行其恶，不近忠良，亲谗喜佞，谓之无道，必有凶危之患。

为善从政，自然吉庆；为非行恶，必有危亡。祸福无门，人自所召；非为神圣所降，皆在人之善恶。

第二十五则

【原　典】

务善策者，无恶事；无远虑者，有近忧；重，可使守固，不可使临阵；贪，可使攻取，不可使分阵；廉，可使守主，不可使应机。此五者，各随其才而用之。

【译　文】

善于谋划的人，不会让恶事发生。不做长远打算的人，就会有眼前的忧患。性格稳重的人，可以让他防守城池，但不可以让他冲锋陷阵。贪恋功绩的人，可以让他攻城略地，但不可以让他独自统兵。为政廉洁的人，可以让他守护君主，但不可以让他应付机变。这五种人，不分贵贱，只是让他们负责各自擅长的领域而已。

【王氏曰】

行善从政，必无恶事所侵；远虑深谋，岂有忧心之患。为善之人，肯行公正，不遭凶险之患。凡百事务思虑远行，无恶亲近于身。

第二十六则

【原　典】

同志相得，同仁相忧。

【译　文】

志趣相同的人，相处才能融洽；仁德相同的人，才能相互牵挂。

【张氏注】

舜有八元、八凯[①]，汤则伊尹，孔子则颜回是也。文王之闳、散[②]，微子之父师、少师[③]，周旦之召公，管仲之鲍叔也。

【王氏曰】

君子未进贤相怀忧，谗佞当权，忠臣死谏。如卫灵公失政；其国昏乱，不纳蘧伯玉苦谏，听信弥子瑕谗言，伯玉退隐闲居。子瑕得宠于朝上大夫，史鱼见子瑕谗佞而不能退，知伯玉忠良而不能进。君不从其谏，事不行其政，气病归家，遗子有言："吾死之后，可将尸于偏舍，灵公若至，必问其故，你可拜奏其言。”灵公果至，问何故停尸于此？其子奏曰：“先人遗言：见贤而不能进，如谗而不能退，何为人臣？生不能正其君，死不成其丧礼！”灵公闻言悔省，退子瑕而用伯玉。此是同仁相忧，举善荐贤，匡君正国之道。

【注　释】

①八元、八凯：相传上古时期的十六位贤臣。

②闳、散：“文王四友”中的闳夭和散宜生，另两位是南宫适和太颠，都是周文王时期有名的贤臣。这里代指贤臣。

③微子之父师、少师：微子，子姓，宋氏，商王帝乙长子，商纣王帝辛的兄长，周朝宋国的开国始祖。父师，即太师，上古三公之一。少师，古代乐官，地位仅次于父师。

第二十七则

【原　典】

同恶相党。

【译　文】

本性凶狠之人，就会勾结在一起结党营私。

【张氏注】

商纣之臣亿万、盗跖[1]之徒九千是也。

【王氏曰】

如汉灵帝昏懦，十常侍弄权，闭塞上下，以奸邪为心腹，用凶恶为朋党。不用贤臣，谋害良相；天下凶荒，英雄并起。曹操奸雄，董卓谋乱，后终败亡。此是同恶为党，昏乱家国，丧亡天下。

【注　释】

①盗跖：姬姓，展氏，名跖，也叫柳下跖、柳展雄。相传其手下有九千人。

第二十八则

【原　典】

同爱相求。

【译　文】

爱好相同之人，就会互相访求。

【张氏注】

爱利，则聚敛之臣求之；爱武，则谈兵之士求之。爱勇，则乐伤之士求之；爱仙，则方术之士求之；爱符瑞，则矫诬之士求之。凡有爱者，皆情之偏、性之蔽也。

【王氏曰】

忠臣辅国，助君之德；谗佞败国，掌君之德。如燕王好贤，筑黄金台，招聚英豪，用乐毅保全其国；隋炀帝爱色，建摘星楼宠萧妃，而丧其身。上有所好，下必从之。信用忠良，国必有治；亲近谗佞，败国亡身。此是同爱相求，行善为恶，成败必然之道。

第二十九则

【原　典】

同美相妒。

【译　文】

能力相当之人，就会互相嫉妒。

【张氏注】

女则武后、韦庶人、萧良娣是也。男则赵高、李斯是也。

第三十则

【原　典】

同智相谋。

【译　文】

智谋相近之人，就会互相算计。

【张氏注】

刘备、曹操，翟让、李密是也。

第三十一则

【原　典】

同贵相害。

【译　文】

权势相当之人，就会互相谋害。

【张氏注】

势相轧也，视同敌也。

【王氏曰】

同居官位，其掌朝纲，心志不和，递相谋害。

第三十二则

【原　典】

同利相忌。

【译　文】

利益相同之人，就会互相猜忌。

【张氏注】

害相刑也。

第三十三则

【原　典】

同声相应，同气相感。

【译　文】

主张相同之人，就会互相呼应；气质相同之人，就会互相感应，产生共鸣。

【张氏注】

五行、五气、五声散于万物，自然相感应也。

第三十四则

【原　典】

同类相依，同义相亲，同难相济。

【译　文】

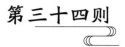

品性相同之人，就会互相依靠；信仰相同之人，就会互相亲近；境遇相同之人，遇到灾难就会互相救助。

【张氏注】

六国合纵而拒秦，诸葛通吴以敌魏，非有仁义存焉，特同难耳。

【王氏曰】

圣德明君，必用贤能良相；无道之主，亲近谄佞谗臣。楚平王无道，信听费无忌，家国危乱；唐太宗圣明，喜闻魏徵直谏，国治民安。君臣相和，其国无危；上下同心，其邦必正。

强秦恃其威勇，而吞六国；六国合兵，以拒强秦。暴魏仗其奸雄，而并吴、蜀；吴、蜀同谋，以敌暴魏。此是同难相济，递互相应之道。

第三十五则

【原　典】

同道相成。

【译　文】

志同道合之人，就会互相成就。

【张氏注】

汉承秦后，海内凋敝，萧何以清静涵养之。何将亡，念诸将俱喜功好动，不足以知治道。时，曹参在齐，尝治盖公、黄老之术，不务生事，故引参以代相位耳。

【王氏曰】

君臣一志，行王道以安天下；上下同心，施仁政以保其国。萧何相汉镇国，家给馈饷，使粮道不绝，汉之杰也。卧病将亡，汉帝亲至病所，问："卿亡之后谁可为相？"萧何曰："诸将喜功好勋俱不可，惟曹参一人而可。”萧何死后，惠皇拜曹参为相，大治天下。此是同道相成，辅君行政之道。

第三十六则

【原　典】

同艺相规，同巧相胜。

【译　文】

职业相同之人，往往会互相窥视；技能相近之人，往往会互相较量。

【张氏注】

李镒之贼扁鹊，逢蒙之恶后羿是也。规者，非之也。公输子九攻，墨子九拒是也。

【王氏曰】

同于艺业者，相窥其好歹；共于巧工者，以争其高低。巧业相同，彼我不伏，以相争胜。

第三十七则

【原　典】

此乃数之所得，不可与理违。

【译　文】

以上种种道理都是自然而然形成的，做人做事不可与之相违背。

【张氏注】

自“同志”下皆所行所可预知。智者，知其如此，顺理则行之，逆理则违之。

【王氏曰】

齐家治国之理，纲常礼乐之道，可于贤明之前请问其礼；听问之后，常记于心，思虑而行。离道者非圣，违理者不贤。

第三十八则

【原　典】

释己而教人者逆，正己而化人者顺。

【译　文】

放任自我而去教育别人，别人肯定不会听从；端正自我再去教育别人，别人就会被感化而信服了。

【张氏注】

教者以言，化者以道。老子曰："法令滋彰，盗贼多有。"教之逆者也。"我无为，而民自化；我无欲，而民自朴。"化之顺者也。

【王氏曰】

心量不宽，见责人之小过；身不能修，不知己之非为。自己不能修政，教人行政，人心不伏。诚心养道，正己修德，然后可以教人为善，自然理顺事明，必能成名立事。

第三十九则

【原　典】

逆者难从，顺者易行；难从则乱，易行则理。

【译　文】

违背别人的意愿，别人就很难顺从；顺从别人的意愿，别人就愿意跟从。难以顺从就会引发动乱，愿意跟从就容易管理。

【张氏注】

天地之道，简易而已；圣人之道，简易而已。顺日月，而昼夜之；顺阴阳，而生杀之；顺山川，而高下之；此天地之简易也。顺夷狄而外之，顺中国而内之；顺君子而爵之，顺小人而役之；顺善恶而赏罚之。顺九土之宜，而赋敛之；顺人伦，而序之；此圣人之简易也。

夫乌获非不力也，执牛之尾而使之欲行，则终日不能步寻丈；及以环桑之枝贯其鼻，三尺之绳縻其颈，童子服之，风于大泽，无所不至者，盖其势顺也。

【王氏曰】

治国安民，理顺则易行；掌法从权，事逆则难就。理事顺便，处事易行；法度相逆，不能成就。

第四十则

【原　典】

详体而行，理身、理家、理国，可也！

【译　文】

根据以上这些去践行，那么，修身、齐家、治国就不会有什么问题了。

【张氏注】

小大不同，其理则一。

【王氏曰】

详明时务得失，当隐则隐；体察事理逆顺，可行则行。理明得失，必知去就之道；数审成败，能识进退之机。从理为政，身无祸患。体学贤明，择善行仁，保终吉矣。

附录

原序

[宋]张商英

黄石公《素书》六篇，按《前汉》列传，黄石公圯桥所授子房《素书》，世人多以《三略》为是，盖传之者误也。

晋乱，有盗发子房冢，于玉枕中获此书，凡一千三百三十六言，上有秘戒："不许传于不道、不神、不圣、不贤之人。若非其人，必受其殃；得人不传，亦受其殃。"呜呼！其慎重如此。

黄石公得子房而传之，子房不得其传而葬之。后五百余年而盗获之，自是《素书》始传于人间。然其传者，特黄石公之言耳，而公之意，其可以言尽哉！

余窃尝评之："天人之道，未尝不相为用，古之圣贤皆尽心焉。尧钦若昊天，舜齐七政，禹叙九畴，傅说陈天道，文王重八卦，周公设天地四时之官，又立三公，以燮理阴阳。孔子欲无言，老聃建之以常无有。《阴符经》曰：'宇宙在乎手，万物生乎身。'道至于此，则鬼神变化，皆不能逃吾之术，而况于刑名度数之间者欤？"

黄石公，秦之隐君子也。其书简，其意深，虽尧、舜、禹、文、傅说、周公、孔、老，亦无以出此矣。然则，黄石公知秦之将亡，汉之将兴，故以此书授子房。而子房岂能尽知其书哉？凡子房之所以为子房者，仅能用其一二耳。

《书》曰："阴计外泄者败。"子房用之，尝劝高帝王韩信矣。《书》曰："小怨不赦，大怨必生。"子房用之，尝劝高帝侯雍齿矣。《书》曰："决策于不仁者险。"子房用之，尝劝高帝罢封六国矣。《书》曰："设变致权，所以解结。"子房用之，尝致四皓而立惠帝矣。《书》曰："吉莫吉于知足。"子房用之，尝择留自封矣。《书》曰："绝嗜禁欲，所以除累。"子房用之，尝弃人间事，从赤松子游矣。

嗟乎！遗粕弃滓，犹足以亡秦、项而帝沛公，况纯而用之、深而造之者乎？

自汉以来，章句、文词之学炽，而知道之士极少。如诸葛亮、王猛、房乔、裴度等辈，虽号为一时贤相，至于先王大道，曾未足以知仿佛。此书所以不传于不道、不神、不圣、不贤之人也。

离有离无之谓道，非有非无之谓神，有而无之之谓圣，无而有之之谓贤。非此四者，虽口诵此书，亦不能身行之矣。

宋张商英天觉撰

黄石公传

［明］慎懋赏

黄石公者，吾不知其何如人，亦不知其所自始。但闻秦始皇时，天下方清夷无事，群黎束手听命，斩木揭竿之变未纤尘萌也，韩国复仇男子张良，策壮士阴击之，万夫在护不支，大索十日不得。其目中已无秦，谓旦夕枭政首挂太白旗而快也。

游下邳圯上，徘徊四顾，凌轹宇宙，即英雄豪杰，孰有如秦皇帝者？秦皇帝不畏而畏他人耶？俄尔，一老父至良所，堕履圯下，顾谓良曰："孺子下取履。"良愕然，为其老，强忍下取履，跪进。老父以足受之。良大惊。老父去里许，还曰："孺子可教矣。后五日平明与我期此。"良怪之，应曰："诺。"五日平明往，老父已先在，怒曰："与老人期，后，何也？去，后五日早会。"良鸡鸣而往，老父又先在，复怒曰："后，何也？去，后五日复早来。"良乃半夜往。有顷，老人来，喜曰："孺子当如此。"乃出一编曰："读是则为王者师。后十三年，子求我济北榖城山下。"遂去，不复见。

旦视其书，乃太公兵法。良奇之，因诵习以说他人，皆不能用。以说沛公，辙有功。由是解鸿门厄，销六国印，击疲楚，都长安，以有天下。其自为谋，则起布衣，复韩仇，为帝师，且当其身，免诛夷诏狱之惨。后十三年，过穀城山，无所见，乃取道旁黄石葆而祠之，及良死，并葬焉，示不忘故也，故曰“黄石公”。

呜呼，良之所遇奇矣！或曰：老人神也！愚则曰：此老氏者流，假手于人，以快其诛秦灭项之志而已，安享其逸者也。聃之言曰：“善摄生者无死地。”又曰：“代司杀者，是谓代大匠斫。夫代大匠斫，希有不伤手矣。”此固巧于避斩杀，而善于掠荣名者，是以知其非神人也。苏轼之言曰：“张良出荆轲聂政之计，以侥幸于不死，老人深惜之，故出而教之。”夫爱赤子者，为之避险绝危。老人之于良也，尝试之秦项戈矛之中，而肩迹于韩彭杀戮之际。如是而谓之爱也，奚可哉？

高士传·黄石公

［晋］皇甫谧

黄石公者，下邳人也，遭秦乱，自隐姓名，时人莫能知者。

初，张良易姓为张，自匿下邳，步游沂水圯上，与黄石公相遇。衣褐衣而老，坠履圯下，顾谓良曰："孺子，取履！"良素不知，乍愕然，欲殴之，为其老也，强忍下取履。因跪进焉，公笑以足受而去。良殊惊。

公行里许，还，谓良曰："孺子可教也。后五日平明，与我期此。"良愈怪之，复跪曰："诺！"

五日平旦，良往，公怒曰："与老人期，何后也？后五日早会。"良鸡鸣往，公又先在，怒曰："何后？复五日早会。"良夜半往。有顷，公亦至，喜曰："当如是。"乃出一编书与良，曰："读是，则为王者师矣！后十二年，孺子见济北穀城山下黄石，即我矣！"遂去不见。

良旦视其书，乃是《太公兵法》。良异之，因讲习，以说他人，莫能用。后与沛公遇于陈留，沛公用其言，辄有功。后十三年，从高祖过济北穀城山下，得黄石公，良乃宝祠之。及良死，与石并葬焉。

史记·留侯世家

［汉］司马迁

留侯张良者，其先韩人也。大父开地，相韩昭侯、宣惠王、襄哀王。父平，相釐王、悼惠王。悼惠王二十三年，平卒。卒二十岁，秦灭韩。良年少，未宦事韩。韩破，良家僮三百人，弟死不葬，悉以家财求客刺秦王，为韩报仇，以大父、父五世相韩故。

良尝学礼淮阳。东见仓海君。得力士，为铁椎重百二十斤。秦皇帝东游，良与客狙击秦皇帝博浪沙中，误中副车。秦皇帝大怒，大索天下，求贼甚急，为张良故也。良乃更名姓，亡匿下邳。

良尝闲从容步游下邳圯上，有一老父，衣褐，至良所，直堕其履圯下，顾谓良曰：“孺子，下取履！”良鄂然，欲殴之。为其老，强忍，下取履。父曰：“履我！”良业为取履，因长跪履之。父以足受，笑而去。良殊大惊，随目之。父去里所，复还，曰：“孺子可教矣。后五日平明，与我会此。”良因怪之，跪曰：“诺。”五日平明，良往。父已先在，怒曰："与老人期，后，何也？"去，曰："后五日早会。"五日鸡鸣，良往，父又先在，复怒曰："后，何也？"去，曰："后五日复早来。"五日，良夜未半往。有顷，父亦来，喜曰："当如是。"出一编书，曰："读此则为王者师矣。后十年兴。十三年孺子见我济北，穀城山下黄石即我矣。"遂去，无他言，不复见。旦日视其书，乃《太公兵法》也。良因异之，常习诵读之。

居下邳，为任侠。项伯常杀人，从良匿。

后十年，陈涉等起兵，良亦聚少年百余人。景驹自立为楚假王，在留。良欲往从之，道遇沛公。沛公将数千人，略地下邳西，遂属焉。沛公拜良为厩将。良数以《太公兵法》说沛公，沛公善之，常用其策。良为他人言，皆不省。良曰："沛公殆天授。"故遂从之，不去见景驹。

及沛公之薛，见项梁。项梁立楚怀王。良乃说项梁曰："君已立楚后，而韩诸公子横阳君成贤，可立为王，益树党。"项梁使良求韩成，立以为韩王。以良为韩申徒，与韩王将千余人西略韩地，得数城，秦辄复取之，往来为游兵颍川。

沛公之从雒阳南出轘辕，良引兵从沛公，下韩十余城，击破杨熊军。沛公乃令韩王成留守阳翟，与良俱南，攻下宛，西入武关。沛公欲以兵二万人击秦峣下军，良说曰："秦兵尚强，未可轻。臣闻其将屠者子，贾竖易动以利。愿沛公且留壁，使人先行，为五万人具食，益为张旗帜诸山上，为疑兵，令郦食其持重宝啖秦将。”秦将果畔，欲连和俱西袭咸阳，沛公欲听之。良曰：“此独其将欲叛耳，恐士卒不从。不从必危，不如因其解击之。”沛公乃引兵击秦军，大破之。逐北至蓝田，再战，秦兵竟败。遂至咸阳，秦王子婴降沛公。

沛公入秦宫，宫室、帷帐、狗马、重宝、妇女以千数，意欲留居之。樊哙谏沛公出舍，沛公不听。良曰：“夫秦为无道，故沛公得至此。夫为天下除残贼，宜缟素为资。今始入秦，即安其乐，此所谓‘助桀为虐’。且‘忠言逆耳利于行，毒药苦口利于病’，愿沛公听樊哙言。”沛公乃还军霸上。

项羽至鸿门下，欲击沛公，项伯乃夜驰入沛公军，私见张良，欲与俱去。良曰：“臣为韩王送沛公，今事有急，亡去不义。”乃具以语沛公。沛公大惊，曰：“为将奈何？”良曰：“沛公诚欲倍项羽邪？”沛公曰：“鲰生教我距关无内诸侯，秦地可尽王，故听之。”良曰：“沛公自度能却项羽乎？”沛公默然良久，曰：“固不能也。今为奈何？”良乃固要项伯。项伯见沛公。沛公与饮为寿，结宾婚。令项伯具言沛公不敢倍项羽，所以距关者，备他盗也。及见项羽后解，语在《项羽》事中。

汉元年正月，沛公为汉王，王巴、蜀。汉王赐良金百镒，珠二斗，良具以献项伯。汉王亦因令良厚遗项伯，使请汉中地。项王乃许之，遂得汉中地。汉王之国，良送至褒中，遣良归韩。良因说汉王曰："王何不烧绝所过栈道，示天下无还心，以固项王意。"乃使良还。行，烧绝栈道。

良至韩，韩王成以良从汉王故，项王不遣成之国，从与俱东。良说项王曰："汉王烧绝栈道，无还心矣。"乃以齐王田荣反书告项王。项王以此无西忧汉心，而发兵北击齐。

项王竟不肯遣韩王，乃以为侯，又杀之彭城。良亡，间行归汉王，汉王亦已还定三秦矣。复以良为成信侯，从东击楚。至彭城，汉败而还。至下邑，汉王下马踞鞍而问曰："吾欲捐关以东等弃之，谁可与共功者？"良进曰："九江王黥布，楚枭将，与项王有郄；彭越与齐王田荣反梁地：此两人可急使。而汉王之将独韩信可属大事，当一面。即欲捐之，捐之此三人，则楚可破也。"汉王乃遣随何说九江王布，而使人连彭越。及魏王豹反，使韩信将兵击之，因举燕、代、齐、赵。然卒破楚者，此三人力也。

张良多病，未尝特将也，常为画策臣，时时从汉王。

汉三年，项羽急围汉王荥阳，汉王恐忧，与郦食其谋桡楚权。食其曰："昔汤伐桀，封其后于杞。武王伐纣，封其后于宋。今秦失德弃义，侵伐诸侯社稷，灭六国之后，使无立锥之地。陛下诚能复立六国后世，毕已受印，此其君臣百姓必皆戴陛下之德，莫不乡风慕义，原为臣妾。德义已行，陛下南乡称霸，楚必敛衽而朝。"汉王曰："善。趣刻印，先生因行佩之矣。"

食其未行，张良从外来谒。汉王方食，曰：“子房前！客有为我计桡楚权者。”具以郦生语告，曰：“于子房何如？”良曰：“谁为陛下画此计者？陛下事去矣。”汉王曰：“何哉？”张良对曰：“臣请藉前箸为大王筹之。”曰：“昔者汤伐桀而封其后于杞者，度能制桀之死命也。今陛下能制项籍之死命乎？”曰：“未能也。”“其不可一也。武王伐纣封其后于宋者，度能得纣之头也。今陛下能得项籍之头乎？”曰：“未能也。”“其不可二也。武王入殷，表商容之闾，释箕子之拘，封比干之墓。今陛下能封圣人之墓，表贤者之闾，式智者之门乎？”曰：“未能也。”“其不可三也。发钜桥之粟，散鹿台之钱，以赐贫穷。今陛下能散府库以赐贫穷乎？”曰：“未能也。”“其不可四矣。殷事已毕，偃革为轩，倒置干戈，覆以虎皮，以示天下不复用兵。今陛下能偃武行文，不复用兵乎？”曰：“未能也。”“其不可五矣。休马华山之阳，示以无所为。今陛下能休马无所用乎？”曰：“未能也。”“其不可六矣。放牛桃林之阴，以示不复输积。今陛下能放牛不复输积乎？”曰：“未能也。”“其不可七矣。且天下游士离其亲戚，弃坟墓，去故旧，从陛下游者，徒欲日夜望咫尺之地。今复六国，立韩、魏、燕、赵、齐、楚之后，天下游士各归事其主，从其亲戚，反其故旧坟墓，陛下与谁取天下乎？其不可八矣。且夫楚唯无强，六国立者复桡而从之，陛下焉得而臣之？诚用客之谋，陛下事去矣。”汉王辍食吐哺，骂曰："竖儒，几败而公事！"令趣销印。

汉四年，韩信破齐而欲自立为齐王，汉王怒。张良说汉王，汉王使良授齐王信印，语在《淮阴》事中。

其秋，汉王追楚至阳夏南，战不利而壁固陵，诸侯期不至。良说汉王，汉王用其计，诸侯皆至。语在《项籍》事中。

汉六年正月，封功臣。良未尝有战斗功，高帝曰："运筹策帷帐中，决胜千里外，子房功也。自择齐三万户。"良曰："始臣起下邳，与上会留，此天以臣授陛下。陛下用臣计，幸而时中，臣愿封留足矣，不敢当三万户。"乃封张良为留侯，与萧何等俱封。

上已封大功臣二十余人，其余日夜争功不决，未得行封。上在雒阳南宫，从复道望见诸将往往相与坐沙中语。上曰："此何语？"留侯曰："陛下不知乎？此谋反耳。"上曰："天下属安定，何故反乎？"留侯曰："陛下起布衣，以此属取天下，今陛下为天子，而所封皆萧、曹故人所亲爱，而所诛者皆生平所仇怨。今军吏计功，以天下不足遍封，此属畏陛下不能尽封，恐又见疑平生过失及诛，故即相聚谋反耳。"上乃忧曰："为之奈何？"留侯曰："上平生所憎，群臣所共知，谁最甚者？"上曰："雍齿与我故，数尝窘辱我。我欲杀之，为其功多，故不忍。"留侯曰："今急先封雍齿以示群臣，群臣见雍齿封，则人人自坚矣。"于是上乃置酒，封雍齿为什方侯，而急趣丞相、御史定功行封。群臣罢酒，皆喜曰：“雍齿尚为侯，我属无患矣。”

刘敬说高帝曰：“都关中。”上疑之。左右大臣皆山东人，多劝上都雒阳：“雒阳东有成皋，西有崤黾、倍河、向伊雒，其固亦足恃。”留侯曰：“雒阳虽有此固，其中小，不过数百里，田地薄，四面受敌，此非用武之国也。夫关中左崤函，右陇蜀，沃野千里，南有巴蜀之饶，北有胡苑之利，阻三面而守，独以一面东制诸侯。诸侯安定，河渭漕挽天下，西给京师；诸侯有变，顺流而下，足以委输。此所谓金城千里，天府之国也，刘敬说是也。”于是高帝即日驾，西都关中。

留侯从入关。留侯性多病，即道引不食谷，杜门不出岁余。

上欲废太子，立戚夫人子赵王如意。大臣多谏争，未能得坚决者也。吕后恐，不知所为。人或谓吕后曰：“留侯善画计策，上信用之。”吕后乃使建成侯吕泽劫留侯，曰：“君常为上谋臣，今上欲易太子，君安得高枕而卧乎？”留侯曰：“始上数在困急之中，幸用臣策。今天下安定，以爱欲易太子，骨肉之间，虽臣等百余人何益。”吕泽强要曰：“为我画计。”留侯曰：“此难以口舌争也。顾上有不能致者，天下有四人。四人者年老矣，皆以为上慢侮人，故逃匿山中，义不为汉臣。然上高此四人。今公诚能无爱金玉璧帛，令太子为书，卑辞安车，因使辩士固请，宜来。来，以为客，时时从入朝，令上见之，则必异而问之。问之，上知此四人贤，则一助也。”于是吕后令吕泽使人奉太子书，卑辞厚礼，迎此四人。四人至，客建成侯所。

汉十一年，黥布反，上病，欲使太子将，往击之。四人相谓曰：“凡来者，将以存太子。太子将兵，事危矣。”乃说建成侯曰：“太子将兵，有功则位不益太子；无功还，则从此受祸矣。且太子所与俱诸将，皆尝与上定天下枭将也，今使太子将之，此无异使羊将狼也，皆不肯为尽力，其无功必矣。臣闻‘母爱者子抱’，今戚夫人日夜待御，赵王如意常抱居前，上曰‘终不使不肖子居爱子之上’，明乎其代太子位必矣。君何不急请吕后承间为上泣言：‘黥布，天下猛将也，善用兵，今诸将皆陛下故等夷，乃令太子将此属，无异使羊将狼，莫肯为用，且使布闻之，则鼓行而西耳。上虽病，强载辎车，卧而护之，诸将不敢不尽力。上虽苦，为妻子自强。’”于是吕泽立夜见吕后，吕后承间为上泣涕而言，如四人意。上曰：“吾惟竖子固不足遣，而公自行耳。”于是上自将兵而东，群臣居守，皆送至灞上。留侯病，自强起，至曲邮，见上曰：“臣宜从，病甚。楚人剽疾，愿上无与楚人争锋。”因说上曰：“令太子为将军，监关中兵。”上曰：“子房虽病，强卧而傅太子。”是时叔孙通为太傅，留侯行少傅事。

汉十二年，上从击破布军归，疾益甚，愈欲易太子。留侯谏，不听，因疾不视事。叔孙太傅称说引古今，以死争太子。上详许之，犹欲易之。及燕，置酒，太子侍。四人从太子，年皆八十有余，须眉皓白，衣冠甚伟。上怪之，问曰："彼何为者？"四人前对，各言名姓，曰东园公、角里先生、绮里季、夏黄公。上乃大惊，曰："吾求公数岁，公辟逃我，今公何自从吾儿游乎？"四人皆曰："陛下轻士善骂，臣等义不受辱，故恐而亡匿。窃闻太子为人仁孝，恭敬爱士，天下莫不延颈欲为太子死者，故臣等来耳。"上曰："烦公幸卒调护太子。"

四人为寿已毕，趋去。上目送之，召戚夫人指示四人者曰："我欲易之，彼四人辅之，羽翼已成，难动矣。吕后真而主矣。"戚夫人泣，上曰："为我楚舞，吾为若楚歌。"歌曰："鸿鹄高飞，一举千里。羽翮已就，横绝四海。横绝四海，当可奈何！虽有矰缴，尚安所施！"歌数阕，戚夫人嘘唏流涕，上起去，罢酒。竟不易太子者，留侯本招此四人之力也。

留侯从上击代，出奇计马邑下，及立萧何相国，所与上从容言天下事甚众，非天下所以存亡，故不著。留侯乃称曰："家世相韩，及韩灭，不爱万金之资，为韩报仇强秦，天下振动。今以三寸舌为帝者师，封万户，位列侯，此布衣之极，于良足矣。原弃人间事，欲从赤松子游耳。"乃学辟谷，道引轻身。会高帝崩，吕后德留侯，乃强食之，曰："人生一世间，如白驹过隙，何至自苦如此乎！"留侯不得已，强听而食。

后八年卒，谥为文成侯。子不疑代侯。

子房始所见下邳圯上老父与《太公书》者，后十三年从高帝过济北，果见穀城山下黄石，取而葆祠之。留侯死，并葬黄石（冢）。每上冢伏腊，祠黄石。

留侯不疑，孝文帝五年坐不敬，国除。

太史公曰：学者多言无鬼神，然言有物。至如留侯所见老父予书，亦可怪矣。高祖离困者数矣，而留侯常有功力焉，岂可谓非天乎？上曰："夫运筹策帷帐之中，决胜千里外，吾不如子房。"余以为其人计魁梧奇伟，至见其图，状貌如妇人好女。盖孔子曰："以貌取人，失之子羽。"留侯亦云。

三略

［秦］黄石公

上略

夫主将之法，务揽英雄之心，赏禄有功，通志于众。故与众同好，靡不成；与众同恶，靡不倾。治国安家，得人也；亡国破家，失人也。含气之类，咸愿得其志。

《军谶》曰："柔能制刚，弱能制强。"柔者，德也；刚者，贼也。弱者人之所助，强者怨之所攻。柔有所设，刚有所施；弱有所用，强用所加；兼此四者，而制其宜。

端末未见，人莫能知；天地神明，与物推移，变动无常。因敌转化，不为事先，动而辙随。故能图制无疆，扶成天威，匡正八极，密定九夷。如此谋者，为帝王师。

故曰：莫不贪强，鲜能守微；若能守微，乃保其生。圣人存之，动应事机。舒之弥四海，卷之不盈杯；居之不以室宅，守之不以城郭；藏之胸臆，而敌国服。

《军谶》曰："能柔能刚，其国弥光；能弱能强，其国弥彰。纯柔纯弱，其国必削；纯刚纯强，其国必亡。”

夫为国之道，恃贤与民。信贤如腹心，使民如四肢，则策无遗。所适如支体相随，骨节相救，天道自然，其巧无间。军国之要，察众心，施百务。危者安之，惧者欢之，叛者还之，冤者原之，诉者察之，卑者贵之，强者抑之，敌者残之，贪者丰之，欲者使之，畏者隐之，谋者近之，谗者覆之，毁者复之，反者废之，横者挫之，满者损之，归者招之，服者居之，降者脱之。获固守之，获厄塞之，获难屯之，获城割之，获地裂之，获财散之。敌动伺之，敌近备之，敌强下之，敌佚去之，敌陵待之，敌暴绥之，敌悖义之，敌睦携之。顺举挫之，因势破之，放言过之，四纲罗之。得而勿有，居而勿守，拔而勿久，立而勿取。为者则己，有者则士，焉知利之所在？彼为诸侯，己在天子，使城自保，令士自处。

世能祖祖，鲜能下下；祖祖为亲，下下为君。下下者，务耕桑，不夺其时；薄赋敛，不匮其财；罕徭役，不使其劳；则国富而家娭，然后选士以司牧之。夫所谓士者，英雄也。故曰：罗其英雄则敌国穷。英雄者，国之干；庶民者，国之本。得其干，收其本，则政行而无怨。

夫用兵之要，在崇礼而重禄。礼崇则智士至，禄重则义士轻死。故禄贤不爱财，赏功不逾时，则下力并而敌国削。夫用人之道，尊以爵，赡以财，则士自来；接以礼，励以义，则士死之。

夫将帅者，必与士卒同滋味而共安危，敌乃可加。故兵有全胜，敌有全因。昔者良将之用兵，有馈箪醪者，使投诸河与士卒同流而饮。夫一箪之醪，不能味一河之水，而三军之士思为致死者，以滋味之及已也。

《军谶》曰："军井未达，将不言渴；军幕未办，将不言倦；军灶未炊，将不言饥。冬不服裘，夏不操扇，雨不张盖。是谓将礼。"与之安，与之危，故其众可合而不可离，可用而不可疲，以其恩素蓄，谋素和也。故曰蓄恩不倦，以一取万。

《军谶》曰："将之所以为威者，号令也；战之所以全胜者，军政也；士之所以轻战者，用命也。"故将无还令，赏罚必信；如天如地，乃可御人；士卒用命，乃可越境。

夫统军持势者，将也；制胜破敌者，众也。故乱将不可使保军，乖众不可使伐人。攻城则不拔，图邑则不废。二者无功，则士力疲弊；士力疲弊，则将孤众悖；以守则不固，以战则奔北，是谓老兵。兵老则将威不行，将无威则士卒轻刑，士卒轻刑则军失伍，军失伍则士卒逃亡，士卒逃亡则敌乘利，敌乘利则军必丧。

《军谶》曰："良将之统军也，恕己而治人，推惠施恩，士力日新。战如风发，攻如河决。"故其众可望而不可当，可下而不可胜。以身先人，故其兵为天下雄。

《军谶》曰："军以赏为表，以罚为里。"赏罚明，则将威行；官人得，则士卒服；所任贤，则敌国畏。

《军谶》曰："贤者所适，其前无敌。"故士可下而不可骄，将可乐而不可忧，谋可深而不可疑。士骄则下不顺，将忧则内外不相信，谋疑则敌国奋，以此攻伐则致乱。夫将者，国之命也，将能制胜，则国家安定。

《军谶》曰："将能清，能净，能平，能整，能受谏，能听讼，能纳人，能采言，能知国俗，能图山川，能表险难，能制军权。"故曰：仁贤之智，圣明之虑，负薪之言，廊庙之语，兴衰之事，将所宜闻。

将者，能思士如渴，则策从焉。夫将，拒谏则英雄散，策不从则谋士叛，善恶同则功臣倦，专己则下归咎，自伐则下少功，信谗则众离心，贪财则奸不禁，内顾则士卒淫。将有一则众不服，有二则军无式，有三则下奔北，有四则祸及国。

《军谶》曰："将谋欲密，士众欲一，攻敌欲疾。"将谋密则奸心闭，士众一则军心结，攻敌疾则备不及设。军有此三者，则计不夺。将谋泄则军无势，外窥内则祸不制，财入营则众奸会。将有此三者，军必败。

将无虑则谋士去，将无勇则吏士恐，将妄动则军不重，将迁怒则一军惧。《军谶》曰："虑也，勇也，将之所重；动也，怒也，将之所用。"此四者，将之明诫也。

《军谶》曰："军无财，士不来；军无赏，士不往。"

《军谶》曰："香饵之下，必有悬鱼；重赏之下，必有死夫。"

故礼者，士之所归；赏者，士之所死。招其所归，示其所死，则所求者至。故礼而后悔者，士不止；赏而后悔者，士不使。礼赏不倦，则士争死。

《军谶》曰："兴师之国，务先隆恩；攻取之国，务先养民。"以寡胜众者，恩也；以弱胜强者，民也。故良将之养士，不易于身，故能使三军如一心，则其胜可全。

《军谶》曰："用兵之要，必先察敌情：视其仓库，度其粮食，卜其强弱，察其天地，伺其空隙。"故国无军旅之难而运粮者，虚也；民菜色者，穷也。千里馈粮，士有饥色；樵苏后爨，师不宿饱。夫运粮千里，无一年之食；二千里，无二年之食；三千里，无三年之食；是谓国虚。国虚则民贫，民贫则上下不亲。敌攻其外，民盗其内，是谓必溃。

《军谶》曰："上行虐，则下急刻；赋敛重数，刑罚无极，民相残贼；是谓亡国。"

《军谶》曰："内贪外廉，诈誉取名；窃公为恩，令上下昏；饰躬正颜，以获高官；是谓盗端。"

《军谶》曰："群吏朋党，各进所亲；招举奸枉，抑挫仁贤；背公立私，同位相讪；是谓乱源。"

《军谶》曰："强宗聚奸，无位而尊，威无不震；葛藟相连，种德立恩，夺在位权；侵侮下民，国内喧哗，臣蔽不言；是谓乱根。"

《军谶》曰："世世作奸，侵盗县官，进退求便，委曲弄文，以危其君，是谓国奸。”

《军谶》曰：“吏多民寡，尊卑相若，强弱相虏，莫适禁御，延及君子，国受其害。”

《军谶》曰：“善善不进，恶恶不退，贤者隐蔽，不肖在位，国受其害。”

《军谶》曰：“枝叶强大，比周居势，卑贱陵贵，久而益大，上不忍废，国受其败。”

《军谶》曰：“佞臣在上，一军皆讼；引威自与，动违于众；无进无退，苟然取容；专任自己，举措伐功；诽谤盛德，诬述庸庸；无善无恶，皆与己同；稽留行事，命令不通；造作奇政，变古易常；君用佞人，必受祸殃。”

《军谶》曰：“奸雄相称，障蔽主明；毁誉并兴，壅塞主聪；各阿所私，令主失忠。”

故主察异言，乃睹其萌；主聘儒贤，奸雄乃遁；主任旧齿，万事乃理；主聘岩穴，士乃得实；谋及负薪，功乃可述；不失人心，德乃洋溢。

中略

夫三皇无言而化流四海，故天下无所归功。帝者，体天则地，有言有令，而天下太平。群臣让功，四海化行，百姓不知其所以然。故使臣不待礼赏有功，美而无害。

王者，制人以道，降心服志，设矩备衰，四海会同，王职不废。虽有甲兵之备，而无斗战之患。君无疑于臣，臣无疑于主，国定主安，臣以义退，亦能美而无害。

霸者，制士以权，结士以信，使士以赏。信衰则士疏，赏亏则士不用命。

《军势》曰：“出军行师，将在自专；进退内御，则功难成。”

《军势》曰：“使智、使勇、使贪、使愚：智者乐立其功，勇者好行其志，贪者邀趋其利，愚者不顾其死。因其至情而用之，此军之微权也。”

《军势》曰：“无使辩士谈说敌美，为其惑众；无使仁者主财，为其多施而附于下。”

《军势》曰：“禁巫祝，不得为吏士卜问军之吉凶。”

《军势》曰：“使义士不以财。故义者不为不仁者死，智者不为暗主谋。”

主不可以无德，无德则臣叛；不可以无威，无威则失权。臣不可以无德，无德则无以事君；不可以无威，无威则国弱，威多则身蹶。

故圣王御世，观盛衰，度得失，而为之制；故诸侯二师，方伯三师，天子六师。世乱则叛逆生，王泽竭则盟誓相诛伐。德同势敌，无以相倾，乃揽英雄之心，与众同好恶，然后加之以权变。故非计策无以决嫌定疑，非谲奇无以破奸息寇，非阴计无以成功。

圣人体天，贤者法地，智者师古，是故《三略》为衰世作：《上略》设礼赏，别奸雄，著成败；《中略》差德行，审权变；《下略》陈道德，察安危，明贼贤之咎。故人主深晓《上略》，则能任贤擒敌；深晓《中略》，则能御将统众；深晓《下略》，则能明盛衰之源，审治国之纪。人臣深晓《中略》，则能全功保身。

夫高鸟死，良弓藏；敌国灭，谋臣亡。亡者，非丧其身也，谓夺其威，废其权也。封之于朝，极人臣之位，以显其功；中州善国，以富其家；美色珍玩，以说其心。

夫人众一合而不可卒离，权威一与而不可卒移。还师罢军，存亡之阶。故弱之以位，夺之以国，是谓霸者之略。故霸者之作，其论驳也。存社稷罗英雄者，《中略》之势也，故世主秘焉。

下略

夫能扶天下之危者，则据天下之安；能除天下之忧者，则享天下之乐；能救天下之祸者，则获天下之福。故泽及于民，则贤人归之；泽及昆虫，则圣人归之。贤人所归，则其国强；圣人所归，则六合同。求贤以德，致圣以道。贤去则国微，圣去则国乖。微者危之阶，乖者亡之征。

贤人之政，降人以体；圣人之政，降人以心。体降可以图始，心降可以保终。降体以礼，降心以乐。所谓乐者，非金石丝竹也；谓人乐其家，谓人乐其族，谓人乐其业，谓人乐其都邑，谓人乐其政令，谓人乐其道德。如此，君人者乃作乐以节之，使不失其和。故有德之君，以乐乐人；无德之君，以乐乐身。乐人者，久而长；乐身者，不久而亡。

释近谋远者，劳而无功；释远谋近者，佚而有终。佚政多忠臣，劳政多怨民。故曰：务广地者荒，务广德者强；能有其有者安，贪人之有者残。残灭之政，累世受患；造作过制，虽成必败。

舍己而教人者逆，正己而化人者顺；逆者乱之招，顺者治之要。

道、德、仁、义、礼，五者一体也。道者人之所蹈，德者人之所得，仁者人之所亲，义者人之所宜，礼者人之所体，不可无一焉。故夙兴夜寐，礼之制也；讨贼报仇，义之决也；恻隐之心，仁之发也；得己得人，德之路也；使人均平，不失其所，道之化也。

出君下臣，名曰命；施于竹帛，名曰令；奉而行之，名曰政。夫命失则令不行，令不行则政不正，政不正则道不通，道不通则邪臣胜，邪臣胜则主威伤。

千里迎贤，其路远；致不肖，其路近。是以明王舍近而取远，故能全功尚人，而下尽力。

废一善，则众善衰；赏一恶，则众恶归。善者得其祐，恶者受其诛，则国安而众善至。

众疑无定国，众惑无治民。疑定惑还，国乃可安。

一令逆则百令失，一恶施则百恶结。故善施于顺民，恶加于凶民，则令行而无怨。使怨治怨，是谓逆天；使仇治仇，其祸不救。治民使平，致平以清，则民得其所，而天下宁。

犯上者尊，贪鄙者富，虽有圣王，不能致其治。犯上者诛，贪鄙者拘，则化行而众恶消。清白之士不可以爵禄得，节义之士不可以威刑胁。故明君求贤，必观其所以而致焉。致清白之士，修其礼；致节义之士，修其道；而后士可致而名可保。

夫圣人君子，明盛衰之源，通成败之端，审治乱之机，知去就之节。虽穷不处亡国之位，虽贫不食乱邦之禄。潜名抱道者，时至而动，则极人臣之位；德合于己，则建殊绝之功。故其道高，而名扬于后世。

圣王之用兵，非乐之也，将以诛暴讨乱也。夫以义诛不义，若决江河而溉爝火，临不测而挤欲堕，其克必矣。所以优游恬淡而不进者，重伤人物也。夫兵者，不祥之器，天道恶之，不得已而用之，是天道也。夫人之在道，若鱼之在水；得水而生，失水而死。故君子者常畏惧而不敢失道。

豪杰秉职，国威乃弱；杀生在豪杰，国势乃竭。豪杰低首，国乃可久；杀生在君，国乃可安；四民用虚，国乃无储；四民用足，国乃安乐。

贤臣内则邪臣外，邪臣内则贤臣毙。内外失宜，祸乱传世。

大臣疑主，众奸集聚；臣当君尊，上下乃昏；君当臣处，上下失序。

伤贤者，殃及三世；蔽贤者，身受其害；嫉贤者，其名不全。进贤者，福流子孙，故君子急于进贤，而美名彰焉。

利一害百，民去城郭；利一害万，国乃思散。去一利百，人乃慕泽；去一利万，政乃不乱。

学而书馆

出 品 人：许　永
责任编辑：许宗华
特邀编辑：苏　玠
封面设计：海　云
内文制作：万　雪
印制总监：蒋　波
发行总监：田峰峥

发　　行：北京创美汇品图书有限公司
发行热线：010-59799930
投稿信箱：cmsdbj@163.com